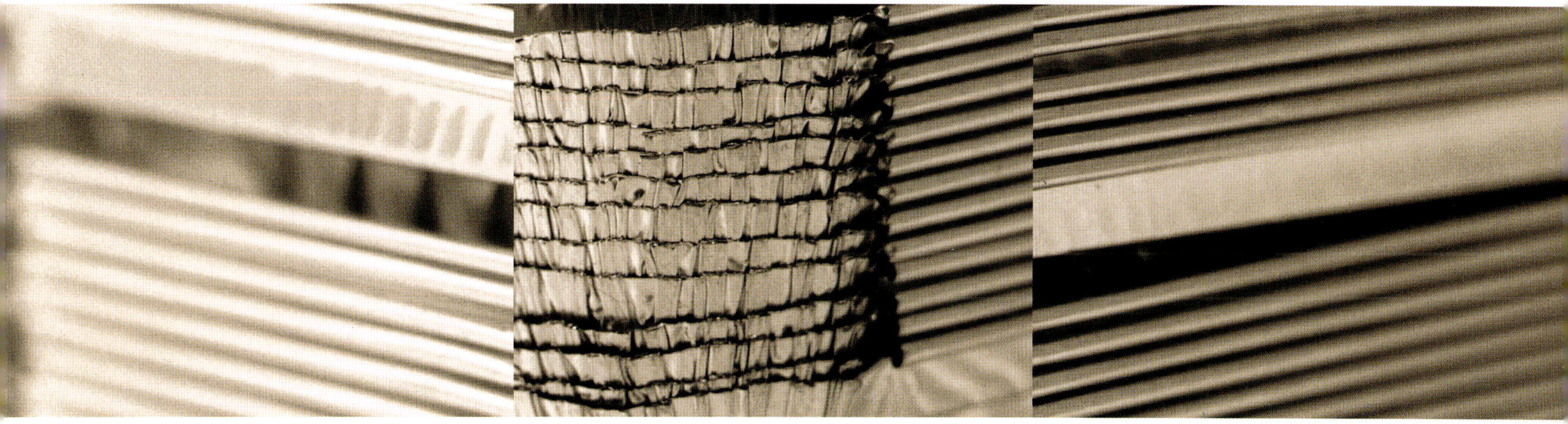

street food

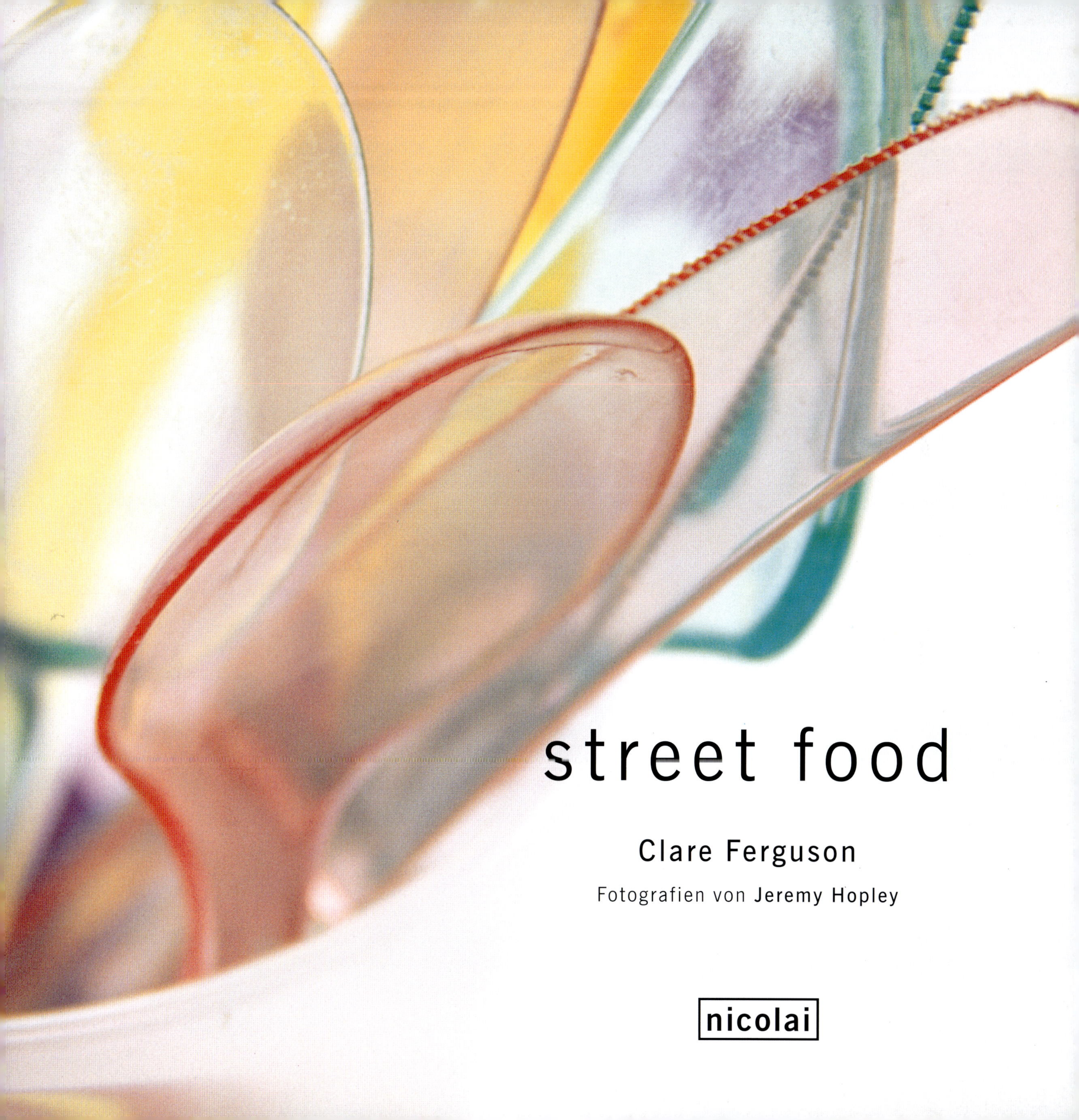

street food

Clare Ferguson

Fotografien von Jeremy Hopley

nicolai

Titel der englischen Originalausgabe
street food

Bildnachweis:
Tony Stone Images, Neil Beer (Umschlag)
Adams Picture Library, Malcolm & Yoko Fairman (S. 7, 2. Reihe links)
Oona van den Berg (S. 96, 3. Reihe rechts)
Cephas (S. 7, 1. Reihe Mitte; S. 110/111)
Sylvia Cordaiy Photo Library, Graeme Goldin (S. 81, 2. Reihe Mitte)
Greg Evans International Photography (S. 7, 3. Reihe Mitte; S. 39, 3. Reihe links; S. 94/95; S. 126/127)
Robert Harding Picture Library, Adam Woolfitt (S. 39, 1. Reihe rechts); Nik Wheeler (S. 39, 3. Reihe rechts); JHC Wilson (S. 81, 3. Reihe rechts)
Peter Hince (S. 60/61)
Panos Picture, Paul Smith (S. 11, 3. Reihe Mitte); Jeremy Hartley (S. 62, 3. Reihe rechts); Wang Gang Feng (S. 113, 1. Reihe links)
The Photographers Library (S. 7, 1. Reihe rechts u. 2. Reihe Mitte; S. 11, 1. Reihe Mitte
The Stock Market Photo Agency Inc. (S. 11, 2. Reihe links)
Tony Stone Images, Paul Harris (S. 7, 2. Reihe rechts; S. 11, 2. Reihe Mitte); Joseph Sohm (S. 12/13); Greg Pease(S. 15 oben); Steven Rothfeld (S. 36/37); Nicholas DeVore (S. 78/79); Dale Boyer (S. 96 oben rechts); Glen Allison (S. 96, 2. Reihe Mitte); Yann Layma (S. 113, 2. Reihe Mitte)

Aus dem Englischen von Sabine von Sydow

Umschlaggestaltung: Sans Serif, Berlin
Satz: LVD GmbH, Berlin
Druck und Bindung: Toppan Printing Co., China

ISBN 3-87584-813-6

inhalt

einleitung

Warum essen Menschen eigentlich das, was sie essen? Ihren Eßgewohnheiten liegt eine verborgene Logik zugrunde; sie haben ihren Ursprung in Geschichte und Geographie und waren unterschiedlichsten Einflüssen ausgesetzt: Handelswege, königliche Erlasse, Politik, Klimaveränderungen, Invasionen und Eroberungen, Meeresströmungen, technische Errungenschaften, Religion und Medizin, Heiratssitten und volkstümliche Bräuche – all das spielt eine Rolle. Was wir essen und wie wir kochen bestimmt wesentlich unsere Lebensart. Gerichte und Eßgewohnheiten entstehen und verändern sich mit den Zeiten. Neue Speisen kommen hinzu und werden abgewandelt und vergessen, um dann irgendwo wiederentdeckt oder „neu" erfunden zu werden.

Streetfood ist ein ganz und gar ursprüngliches Essen, unverfälscht und ehrlich. Im Grunde ist es eine Küche des Überlebens. Von irgendwelchen Moden bleibt es weitgehend unberührt und bewahrt so seine Bodenständigkeit.

In Streetfood steckt eine Menge Energie und Schöpfergeist. Viele Menschen überall auf der Welt können es sich nie leisten, in einem Luxusrestaurant zu speisen, und essen dennoch ganz vorzüglich. Sie treffen sich dichtgedrängt in schmalen Gassen, auf schattigen Plätzen, in Einkaufshallen, in uralten gepflasterten Medinas vor Tempeln oder unter verblaßten Seidenschirmen, um miteinander zu essen.

Wenn ich mein Gedächtnis nach einigen besonders einprägsamen Genüssen durchstreife, dann sind es nicht die prächtigen Zehngängemenüs in großen Hotels oder die Champagner- und Kaviarschlachten mit meinen Kollegen (obgleich ich dazu niemals nein sage), an die ich mich lebhaft erinnere. Vielmehr sind es die ungeplanten, oft chaotischen, aber köstlichen Gerichte, die man irgendwo an einer Bushaltestelle oder auf einem fremdländischen Gewürzbasar, in Straßenlokalen oder bei einem Händler neben einer Fährstation findet, auf einer sonnendurchfluteten Piazza, vor Jahrmarktsbuden oder auf einer schäbigen Veranda, auf der man Zuflucht vor einem tropischen Regenguß gesucht hat.

Zu unserer Überraschung werden gerade solche Gelegenheiten zu den wirklichen kulinarischen Highlights. Es ist das Zufällige, das den Reiz ausmacht, auch das Ungewöhnliche der Zutaten, die Fremdheit der Umgebung. Geräusche können uns entzücken: das Brutzeln der Grillpfanne, die Rufe der Tuk-Tuk-Fahrer, das Klatschen des Pizzateigs, wenn er von einer Hand in der anderen landet, das Zischen von Zuckerrohrsaft in einem Glas mit Eiswürfeln, das Prasseln der Flammen in einem Tandoor, wenn der Bäcker das heiße Brot aus dem Ofen löst und es herausnimmt.

Auf was für ein Spiel wir uns einlassen! Wird es so gut sein, wie wir hoffen? Oder sogar besser? Unsere Erwartung steigert den Appetit, und auf der Straße sind wir besonders hungrig – Abenteuer schärfen die Geschmacksnerven und alle anderen Sinne dazu: Die Farben wirken intensiver, beißende Gerüche machen uns wild vor Behagen. Alles ist Verlockung.

Oben von links nach rechts: **Sommerliche Südfrüchte gibt es an Obstständen in ganz Europa zu kaufen. Ein Nudelbäcker in China. Die Schwimmenden Märkte in Bangkok**
Zweite Reihe von links nach rechts: **Ein japanisches Kind mit einem Fischstäbchen. Fleisch, das in Bambuskörben gegart wird. Teigzubereitung für knusprige Turmerik-Brote auf einem Markt in Delhi**
Dritte Reihe von links nach rechts: **Hauchdünne ägyptische Brotfladen. Eisverkäufer in der Türkei. Pizza mit Spinat und Pinienkernen in Rom**
Unten, von links nach rechts: **Frische Feigen, Pfirsiche und Pistazien auf einem Orientmarkt in London. Italienisches Ciabatta-Brot. Stäbchen – das Eßbesteck Asiens**

EL PAIS

Fernweh, Entdeckerfreude, Abenteuerlust und die Neugier auf das Unbekannte locken uns in die Welt hinaus. Nach Hause zurückgekehrt, zehren wir noch lange von den Eindrücken und Erfahrungen und haben beim Erzählen wieder die eigentümlichen Gerüche in der Nase und spüren den Geschmack einer besonderen Speise auf der Zunge. Was liegt näher, als daheim die Familie, die Freunde nicht nur durch Fotos und Berichte an der Reise teilhaben zu lassen, sondern ihnen ein Land auch kulinarisch näherzubringen? Während man früher mühsam, weil der Landessprache meist unkundig, die Zutaten in den jeweiligen Ländern suchen mußte, hat heute selbst ein ländlicher Lebensmittelmarkt seine Asienecke, wo man das meiste findet, was man für ein exotisches Rezept braucht. Großstädter haben es noch besser. Es gibt Chinamärkte oder Asienläden mit einem umfangreichen und frischen Sortiment und daneben Geschäfte, die sich auf bestimmte Länder spezialisiert haben. Auf der Suche nach Gerichten für dieses Buch ist es mir passiert, daß manche Rezepte nur unvollkommen gelangen. Auch eifriges Probieren und gute Ratschläge von Einheimischen, von Köchen und aus Fachbüchern halfen nicht. Aber das hat überhaupt nichts zu bedeuten. Einer der großen Vorzüge von Streetfood ist, daß es sowohl beständig ist als auch anpassungsfähig und wandelbar. Und so erfinde ich denn und verändere wie andere vor mir. Aber wenn ich trotz allem merke, daß meine Version von – sagen wir – Dosai aus Bombay einfach nicht an das überwältigend köstliche Original herankommt, dann verwerfe ich es ohne Bedauern und finde ein Rezept, das besser gelingt. Lieber noch einmal dorthin zurückkehren, denke ich, und an Ort und Stelle das Original genießen, als sich mit einer schlechten Kopie zufriedengeben. Und Warten steigert den Appetit.
Dieses Buch enthält viele meiner Lieblingsgerichte von Straßenmärkten rund um den Globus. Das meiste verdanke ich den Waffelbäckern, den Konditoren, den Budenbesitzern, den Gewürzhändlern, den Barkeepern, den Köchen und den Kellnern. Mitunter hatten ihre Anregungen wesentlichen Einfluß auf die Auswahl. Die Rezepte wurden von mir willkürlich zusammengetragen, aber schließlich ist es ja auch meine ganz persönliche Sammlung. Und es gibt Gegenden, die ich noch besuchen muß, neue Orte, die ich entdecken will. Deshalb fehlen hier einige Gerichte, und ich hoffe, daß sie zu gegebener Zeit in eine weitere Sammlung aufgenommen werden.
Für Länder wie Indien, in denen Streetfood eine vollkommene Kunst ist, scheint die Anzahl der Beispiele dürftig. Andere Länder wie Nepal, Rußland, Pakistan oder Kambodscha werden kaum

Links: **Würfel von Tortilla de Patata (spanische Kartoffelomelette) in einer Tapas-Bar**
Rechts oben: **Portugiesisches Gebäck, Pasteis de Nata und Linguas de Gato (Katzenzungen)**
Rechts unten: **Kaffee und Pastis-Likör aus Frankreich**

erwähnt. Natürlich gibt es dort auch wunderbare Gerichte, aber der Umfang eines Buches ist begrenzt, und außerdem kenne ich mich in diesen Ländern noch nicht so gut aus. Mit Europa oder Nordamerika ließen sich Bände füllen, so facettenreich geben sich ihre Straßenküchen. Das gleiche gilt für Brasilien, von der Karibik ganz zu schweigen. Südostasien ist ein Paradies für gutes Essen auf der Straße – in Singapur, Bali, Thailand steht man stumm vor Staunen. Streetfood in China und ganz besonders in Hongkong ist nicht zu übertreffen …

Wenn ich in diesem Buch blättere, stürmen die Erinnerungen auf mich ein. Ich sehe mich in einem Hotelbad in New Orleans, wegen der Hitze nur mit einem Bikini bekleidet. Ich hocke in der Badewanne und versuche einen Krebs auseinanderzunehmen. Das kreolische Mädchen, das hereinkommt, um aufzuräumen, kann das nicht mit ansehen und gibt mir Nachhilfe. Vergnügt haben wir gemeinsam den Krebs verspeist.

Und einmal, in Acapulco/Mexiko und gerade von Bord gegangen, verschlangen wir voll Heißhunger köstliche fleischgefüllte Tortillas und leckten uns genüßlich die Lippen, bis wir am Nachbarstand abgezogene Fledermäuse hängen sahen. Was soll's – es hat köstlich geschmeckt und niemandem geschadet!

Oder eines heißen Septembertags in Athen, als ich mich gründlich verlaufen hatte. Ein Brothändler reichte mir irgend etwas, eingewickelt in braunes Wachspapier, und dazu einen saftigen reifen Pfirsich. Das Geschenk entpuppte sich als die beste Bougatsa (griechisches Cremetörtchen), die ich je gegessen hatte. Der Saft aus dem Pfirsich rann mir das Kinn herunter – und es war mir völlig egal, wo ich war.

Eine andere Erinnerung: eine Pyramide von roten Krebsen auf Zeitungspapier auf einem Parkplatz mitten in Auckland/Neuseeland. Keine Zitrone, kein Salz, keine Mayonnaise. Nur kaltes Bier. Es war göttlich. Die samoanische Familie gab mir vier Krebse für meinen Londoner U-Bahn-Plan. Ein gutes Geschäft. Und dann erinnere ich mich an einen Nachmittag an der Chowpatty Beach in Bombay. Als ich von einem Nickerchen im Sand erwachte, tanzten um mich Zirkusaffen, Mädchen balancierten auf dem Seil, und es gab das beste Mango-Kulfi weit und breit. Danach trank ich heißen, süßen Kardamom-Tee. Das reinste Vergnügen!

Auf Genüsse solcher Art wollen wir zu Hause nicht verzichten – und müssen es auch nicht. Die Welt ist enger zusammengerückt; viele Menschen aus Südeuropa, aus der Türkei oder aus Vietnam sind zu uns gekommen, um hier zu arbeiten, und haben ihre heimische Küche mitgebracht, Restaurants aufgemacht und Importgeschäfte, die alle nötigen Zutaten – Früchte, Gemüse und Gewürze – einführen und anbieten. Wer selbst kochen will und bestimmte Zutaten nicht findet, kann sich auch an die Firma

Global Foods Trading GmbH
Landwehrstraße 52, 64293 Darmstadt
Tel. 0 61 51/9 58 20, Fax 0 61 51/95 82 99

wenden und das Nötige über die Versandabteilung bestellen.

Streetfood ist handfest und geradlinig. Ohne Wenn und Aber. Unterwegs muß man schon Augen, Nase und Verstand beisammenhaben, um zu entscheiden, was man essen kann, ohne Schaden zu nehmen, und wieviel man dafür zahlen will.

Einfallsreichtum, Kreativität, Schwung und Energie sind typisch für viele der Gerichte, die ich ausgesucht habe. Um das alles zu erleben, lohnt es sich, auf der Straße zu essen. Auch das Schwatzen und Pfeifen, das Klappern und Zischen oder die Kinder, die uns am Rock zupfen, und die allgemeine Fröhlichkeit gehören dazu. Und die Lust auf Abenteuer ist die rechte Würze.

Ich widme mein Buch allen, die täglich auf der ganzen Welt dafür sorgen, daß wir Streetfood genießen können. Denen, die die Düfte der Straße in ihre Küche holen wollen, wünsche ich viel Freude mit den Rezepten – sie werden von guten Erinnerungen begleitet.

Oben von links nach rechts: **Kaffee, das Allerweltsgetränk von Seattle bis Stockholm, von Sydney bis Siena. Chinatown in New York – ein Viertel mit köstlichem Streetfood. Sandwiches heißen nach dem Earl of Sandwich, der das Glücksspiel nicht unterbrechen mußte, um sie zu essen**
Mitte von links nach rechts: **Würstchenstand in New York. Hot dogs sind die amerikanische Antwort auf dänische Pölser und deutsche Bratwurst.**
Stapel von Tortillas (Maisfladen) an einem Stand in Mexiko
Unten von links nach rechts: **In schwimmendem Fett ausgebackene Doughnut-Ringe brauchen nur ein wenig Zuckerguß, um köstlich zu sein. Helados-Verkäufer in Bolivien: Eiscremes wie Gelati in Italien, Kulfi in Indien und Sorbets in Frankreich sind ideal als Streetfood**

Holly

Viele Einwanderungswellen in die Neue Welt, die schöpferische Kraft der Ureinwohner und die Vielfalt ihrer einheimischen Produkte haben zu einer buntgemischten Eßkultur geführt. Nimmt man die Anregungen hinzu, die mit den afrikanischen Sklaven und ihren Traditionen ins Land kamen, sowie die Vorzüge der küchentechnischen Neuerungen, dann entfaltet sich eine lebendige ungebremste Streetfood-Kultur.

nord- und südamerika

Die amerikanischen Kontinente sind ein Eldorado von Rohstoffen und reich an Rassen und Traditionen. Speisen und Getränke sind unvergleichlich, und viele Gerichte haben als Streetfood die Welt erobert.

Die ersten Siedler waren Spanier, Portugiesen, und Engländer; sie brachten neue Zutaten mit. Auch die Sklaven aus Afrika und die Wellen der europäischen und asiatischen Einwanderer im 19. und 20. Jahrhundert bereicherten die kulturelle Vielfalt. Alle Neuankömmlinge hingen lange und beharrlich an den vertrauten Speisen ihrer Heimatländer und erweiterten so die amerikanischen Speisepläne.

In Nordamerika sorgte die wirtschaftliche Entwicklung für weithin verbesserte Lebensbedingungen. Man hatte ein höheres Einkommen, leistete sich mehr und schöpfte aus neuen Möglichkeiten. Die Städte zogen die Menschen an, und auf der Straße, im Licht der Laternen, entwickelte sich der Markt der schnellen Mahlzeit. Der Verkauf von Streetfood entwickelte sich rasch, zunehmend begünstigt durch neue Errungenschaften wie Konservendosen und Tiefkühlkost.

Auf dem Weg zur ersten Schicht kaufte man sich zum Frühstück einen Orangensaft und ein Doughnut. Zum Mittagessen gab es ein Sandwich, und abends, wenn man zu müde zum Kochen war, griff man am nächsten Würstchenstand zur Bockwurst oder Bratwurst. Feste,

Links: **Bis in die entferntesten Winkel der Erde hat sich Coca-Cola durchgesetzt. Köstlich sind auch die auf Fruchtsäften basierenden Batidas aus Südamerika, die starken Rumcocktails aus der Karibik und die erfrischenden Eiscreme-Sodas aus Nordamerika**
Rechts: **Fischstand in Baltimore, Maryland, USA. Fisch und andere Meeresfrüchte werden überall in Amerika auf der Straße angeboten**

Umzüge, Feiertage – ganz gleich, bei welchem Anlaß – draußen zu essen war in Mode gekommen und Teil des „American way of life" geworden. Und heute, wenn wir einen Straßenhändler nach einem Würstchen oder Hamburger fragen oder Sushi essen wollen, uns einen Mojito wünschen oder von einem Danish träumen, sind wir mitten in der Fortsetzung dieser guten kulinarischen Tradition, die zu Nordamerika gehört. Die gleichen Speisen sind um den ganzen Globus gewandert: Man ißt Pizza in Delhi und Brathendl in Islamabad. In den südlichen Teilen Amerikas, in Mittel- und Südamerika, wurden die Azteken, Kariber, Mayas und Awaraks von den Europäern erobert, und mit den Konquistadoren kam der Katholizismus, kamen Schweine, Pferde, Geflügel und Ziegen und veränderten die Eßgewohnheiten. Heimische Produkte wiederum zogen durch die Welt – Chilis machten einen unauslöschlichen Eindruck auf die asiatische Küche, Tomaten und Kartoffeln sind aus Mitteleuropa nicht wegzudenken, ganz zu schweigen von der Bedeutung, die Schokolade für Süßschnäbel auf der ganzen Erde hat. Gerichte dieser Region weisen Einflüsse aus Europa, Afrika, dem Nahen Osten und Asien auf, andererseits haben einheimische Gerichte wie Tortillas und Barbecues überall auf der Welt Verbreitung gefunden.

Mexikos Tortillavarianten scheinen grenzenlos – Mehl- oder Maistortillas mit einer großen Auswahl von Füllungen werden angeboten, darunter Chilis, Fleisch oder Geflügel, Refritos und Guacamole, und dazu Soßen wie Adobos, Recados und Salsas. Tamales (Hackfleisch in Blättermantel oder Gemüse in Masa-Teig) und Empanadas (gefüllte knusprige Pasteten) sind auch weit entfernt von den heimischen Gestaden populär.

Die Speisen der Karibik sind noch abwechslungsreicher – einheimische Chilis und andere Zutaten würzten die Gerichte, die Sklaven aus Afrika, Arbeiter aus Indien und die Pflanzer aus England oder Spanien mitgebracht hatten. Rum wird auf unterschiedlichste Weise gebrannt, und Rumcocktails und andere Drinks werden begeistert getrunken. Streetfood in Südamerika kommt so facettenreich daher wie die Landschaft und reicht von gegrilltem Fleisch und Mais Argentiniens, Paraguays und Uruguays bis zu den würzigen Gerichten und Ceviches von Peru und Ecuador, der Küche von Guayana, Französisch Guayana und Surinam, den Arepas (Maiskuchen) aus Venezuela und Kolumbien und den Kaninchen- und Kartoffelgerichten aus Bolivien. Mein südamerikanisches Lieblings-Streetfood finde ich in Brasilien; man schmeckt indianische, afrikanische und portugiesische Einflüsse und genießt köstliche Getränke wie Suco misto oder Batida auf der Basis unvergleichlicher Früchte und Liköre.

hush puppies

Maiskrapfen

Ich kaufte diese Krapfen, die man in einer Tüte aus Wachspapier bekommt, in einer der von schwerer Süße duftenden kleinen Gassen des französischen Viertels von New Orleans. Meistens werden die Krapfen mit Bratfisch serviert, und *Hush Puppies* heißen sie, weil die Fischer in der Bucht von Louisiana mit ihnen ihre Hunde von den gerade gefangenen Fischen ablenkten.

90 g Zuckermais
(frisch, tiefgefroren oder aus der Dose)
75 g Mehl
250 g Maismehl oder Polenta
(fein oder mittelgrob)
2 TL Backpulver
½ TL Paprika
1 TL Salz
1 Ei
250 ml Buttermilch oder Trinkjoghurt
1 Zwiebel
Maisöl zum Ausbacken

Ergibt 20 Stück

Die Maiskörner mit dem Mehl, Maismehl oder der Polenta, dem Backpulver, Paprika und Salz in einer Schüssel mischen. Das mit der Buttermilch oder dem Joghurt verschlagene Ei und die geriebene oder ganz fein gehackte Zwiebel dazugeben und rasch verrühren (langes Rühren läßt die Hush Puppies zäh werden).

Eine Bratpfanne zu einem Drittel mit Maisöl füllen (oder eine Friteuse bis zur angegebenen Markierung) und erhitzen. Eßlöffelweise den Teig vorsichtig in das heiße Öl geben und etwa 4 Minuten backen, bis die Hush Puppies außen goldbraun und innen locker sind.

Mit oder ohne Ketchup bzw. Chilisauce servieren.

Je nach Geschmack mit Honig und Zimt oder mit Marmelade oder Ahornsirup servieren.
Wer es pikant mag, probiert eine scharfe Tomatensalsa dazu.
Das Mehl mit dem Backpulver und Salz in einer Schüssel mischen. In die Mitte eine Vertiefung machen und 200 ml warmes Wasser hineingeben und alles zu einem glatten Teig verarbeiten. Dann auf leicht bemehlter Arbeitsfläche durchkneten, bis die Konsistenz elastisch ist.
4 Kugeln formen, zu runden 5 mm dicken Scheiben (ca. 30 cm Durchmesser) ausrollen oder ziehen. Ein ca. 2 cm großes Teigstück aus der Mitte ausstechen, um ein gleichmäßiges Garen zu erreichen, und in reichlich heißem Öl in einer Pfanne oder einem Wok von jeder Seite ca. 1½ Minuten backen.

250 g Mehl
1 TL Backpulver
1 TL Salz
200 ml warmes Wasser
Fett zum Fritieren (z. B. Erdnuß- oder Maisöl)

Ergibt 4 Portionen

fry bread

Indianisches Fladenbrot

Auf dem Weg von Arizona nach Mexiko traf ich Navajo-Frauen, die neben einem Parkplatz große Fladenbrote buken. Ich aß meins mit Honig und Zimt, aber es gab auch anderes zur Auswahl, mit Marmelade, Ahornsirup oder Tomatensauce. Auf jeden Fall eine köstliche Alternative zu gekauften Crackern.
Obwohl immer wieder empfohlen wird, Brot mit Vollkornmehl zu backen wegen seines reichen Glutengehalts, ist das normale Auszugsmehl für diese flachen Scheibenbrote besser geeignet und ergibt einen weicheren Teig, gleichzeitig aber eine knusprige Oberfläche.

arepas

Gelbe Maisküchlein mit Obst-Batida

In Kolumbien und Venezuela ist man verrückt nach diesen kleinen Maiskuchen, die es im ganzen Land zu essen gibt. Käse, frischer Chili und Zucker sind nicht unbedingt nötig, schmecken aber gut. Arepa-Mehl bekommt man in Delikateßläden oder Geschäften, die spanische Zutaten führen. Es ist ein Mehlprodukt aus sehr stärkehaltigem Mais – nicht zu verwechseln mit Maismehl, Maisschrot, Polenta (Grieß) oder Maisgrütze. Queso fresco ist ein frischer mexikanischer Käse, als Ersatz ist Mozzarella ebensogut geeignet.

250 g frischer oder gefrorener Mais
250 g gelbes Arepa-Mehl (Masarepa) oder Polenta (Grieß)
125 g Queso fresco oder Mozzarella (in Flöckchen gezupft)
125 g geriebener Chester
1 TL Backpulver
½ TL Salz
40 g Puderzucker
2 frische Serrano- oder Jalapeño-Chilis, entkernt und gehackt
60 ml Milch und 1 EL heißes Wasser
Maisöl

Ergibt 18 Stück

Der Mais wird im Mixer püriert und mit dem Grieß, dem Käse, Backpulver, Salz, Zucker, den Chilis in einer Schüssel vermischt. Milch und Wasser verrühren und alles zu einem steifen Teig verarbeiten.
In 18 Portionen teilen, zu Kugeln rollen und leicht flach klopfen, bis sie 1 cm dick sind.
Bratpanne heiß werden lassen, mit Öl bestreichen und die Arepas portionsweise bei Mittelhitze ca. 3 Minuten von jeder Seite braten.
Sie müssen goldbraun sein, von außen knusprig und innen noch weich.
Zum Frühstück servieren oder als Zwischenmahlzeit mit Kaffee, Orangensaft oder Fruchtbatida.

Frische Obst-Batida

Tropische Früchte wie Mango, Guave, Melone, Papaya, Kiwi oder Ananas schälen und, wenn nötig, entkernen. Mit dem Pürierstab oder im Mixer pürieren. Mit Zuckersirup oder einem Likör abschmecken, zerstoßenes Eis und nach Bedarf Mineralwasser hinzufügen.

Acaraje brachten die afrikanischen Sklaven nach Amerika. Noch heute ist es in allen möglichen Abwandlungen überall in der Karibik zu finden, in den Südstaaten Nordamerikas, in Mittel- und Südamerika und natürlich immer noch in Zentral- und Südafrika. Die würzigen Krapfen passen auf jede Party! Man kann Acaraje auch backen, aber in unserem Rezept werden sie fritiert. In brasilianischen Marktflecken, besonders an der Küste, verkaufen prächtig angezogene Frauen die Acaraje auf großen Tabletts. In den Bars kann man sie in beheizten Glasbehältern aufgetürmt sehen und sie zu Caipirinha essen, dem köstlichen brasilianischen Cocktail. Dende-Öl (Palmöl) – dunkelorange mit erdigem Geschmack – ist schwer zu finden, man kann statt dessen auch Maisöl nehmen.

acaraje

Fritierte Erbsen mit Krabben und Vatapa

200 g getrocknete Erbsen, 24 Stunden in (einmal gewechseltem) Wasser eingeweicht

½ Zwiebel, gehackt

½ TL Salz

1 Chilischote, gehackt oder

¼ TL scharfe Chili-Sauce

16 gekochte Garnelen (geschält oder ungeschält)

Vatapa*

60 ml heiße Milch

30 g frische Weißbrotkrumen

30 g getrocknete Krabben, gehackt

2 Knoblauchzehen, gehackt

30 g geröstete Erdnüsse, gehackt

4 cm Ingwerwurzel, gehackt

½ TL scharfe Chili-Sauce

500 ml Erdnuß- oder Maisöl

125 ml Dende- (Palm-)Öl oder Maisöl

Ergibt 16 Stück

Die Erbsen abgießen und mit kaltem Wasser bedecken. Zwischen den Handflächen rubbeln, bis sich die Außenhaut löst. Die oben schwimmenden Häutchen abschöpfen und die Erbsen gut abtropfen lassen. Mit der Zwiebel im Mixer pürieren. Salz und Chili bzw. Chili-Sauce hinzufügen und noch einmal mixen.

Alle Zutaten für Vatapa außer dem Öl im Mixer zu dicker Paste verarbeiten. Öl in schwerer Pfanne auf 180° erhitzen. Mit zwei gefetteten Löffeln Scheiben vom Erbsenmus stechen. In der Mitte mit einem TL ein Loch formen und mit Vatapa füllen und glattstreichen, dann eine Krabbe hineindrücken (das hilft beide Mixturen zu verbinden).

Die fertige Acaraje wird im heißen Öl 3–4 Minuten fritiert und, wenn sie gar ist, auf Küchenkrepp abgetropft und warm gestellt, bis man sie mit Obstsaft, eisgekühltem Bier oder diesem Cocktail serviert:

Caipirinha – Rum- und Limonencocktail

½ Limone kleinschneiden und mit 1 EL Zucker in ein Glas geben, mit einem Stößel zerdrücken und dann verrühren. Mit 4 Eiswürfeln und 75 ml weißem Rum wie Cachaça oder Bacardi mischen.

* Manchmal fügt man Vatapa erst vor dem Servieren hinzu. (Brasilianische Vatapa ist eine Paste aus Fleisch – wahlweise auch Hühnchen, Fisch oder Krabben – und Kokosmilch, Erdnüssen, Dende-Öl und Gewürzen.)

cheeseburger

Hamburger mit geschmolzenem Käse

Die Geschichte des Hamburgers ist spannend, und es gibt mehrere Versionen von seinem Entstehen. Drei Amerikaner behaupten, ihn erfunden zu haben. 1885 schob der 15jährige Charles Nagreen auf seinem Jahrmarktsstand in Seymour, Wisconsin, seine wohlschmeckenden, in Butter gebratenen Frikadellen zwischen zwei Brotscheiben, damit seine Kunden gleichzeitig essen und herumschlendern konnten. Das gleiche machten Frank Menches 1892 in Akron, Ohio, und Louis Cassen 1900 in New Haven, Connecticut. In Delmonico's Restaurant in New York gab es schon 1836 Hamburger Steak auf der Speisekarte für 10 Cent. Die Debatte wird fortgesetzt.
Wenn einem vor einem richtig guten amerikanischen Hamburger-Stand der knusprige Bratenduft von Rindfleisch und Zwiebeln anweht, dann fällt es schwer zu widerstehen. Unsere Variante, mit Schmelzkäse obendrauf, wird nach Belieben mit Salat, Gewürzgurken, Senf und Tomatenketchup serviert.

1 dicke Scheibe Brot ohne Rinde
2 Zwiebeln, 1 grob gehackt, 1 in Scheiben geschnitten
1 TL Salz
½ TL frisch gemahlener schwarzer Pfeffer
2 TL frischer Thymian oder Majoran
2 EL Worcestershire-Sauce oder Steaksauce
500 g mageres Rinderhack
1 EL Olivenöl
1 Baguette, in 4 Teile geschnitten, oder 4 Hamburger Rolls oder 4 Brötchen
125 g reifer Cheddar, in Scheiben geschnitten
etwas Mehl

Ergibt 4 Portionen

Das Brot mit Wasser befeuchten, ausdrücken und in eine Schüssel krümeln. Mit der gehackten Zwiebel, Salz und Pfeffer, Thymian oder Majoran, Worcestershire-Sauce und dem Hackfleisch zu einem glatten Teig verarbeiten, in 4 Portionen teilen und mit bemehlten Händen flache Klopse formen.
Die Zwiebelscheiben in erhitztem Öl goldbraun schmoren und warm stellen. Baguettestücke bzw. Brötchen aufschneiden und toasten oder grillen. Die Hamburger auf dem Grill oder in der Bratpfanne braten, bis sie innen gar und außen gebräunt und knusprig sind.
Die Zwiebelringe auf 4 Baguettehälften verteilen, die Hamburger darauf legen und mit Käse bedecken. Unter den heißen Grill legen, bis der Käse zerläuft, und die anderen Brothälften darauf setzen.

Imbißstände auf den Straßen Mexikos sind bunt und lebendig, und die endlosen Variationen von in Tortillas eingewickelten Speisen, wie Tacos, Flautas, Burritos, Enchiladas und so weiter, sind unwiderstehlich. Unsere Tortilla-Tüten sind eine moderne Variante dieser traditionellen Speisen und eignen sich gut für Gerichte zwischendurch oder für einen Snack am späten Abend.
Die Bohnenmischung muß dick und würzig sein – geben Sie noch gehackten Knoblauch dazu oder einen Schuß Öl, und würzen Sie mit Kümmel, Chili, Salz und Oregano, damit sie intensiv und gehaltvoll schmeckt.

Um die Tortillas biegsam zu machen, befeuchtet man sie mit etwas Wasser, wickelt sie in Alufolie und legt sie etwa 10–12 Minuten in einen auf 180° vorgeheizten Backofen. Man kann sie auch in Pergamentpapier wickeln und 3–4 Minuten in der Mikrowelle erwärmen (750 W).
2–3 EL der Bohnen werden auf die Tortillas verteilt, dann fügt man Chili, Käse, Salat, Oliven, Salsa und saure Sahne hinzu und schlägt den unteren Rand der Tortilla nach oben und die Seitenränder übereinander nach innen. Warm servieren mit Tomaten, Koriander oder Chili.

* Wenn Sie die Salsa selbst machen wollen, hacken Sie 4 Frühlingszwiebeln und vermischen Sie diese mit einigen Blättern von Koriander und Minze, 2 TL Meersalz und 8 gehackten Pimentbeeren.
Kühlen und innerhalb von zwei Tagen verbrauchen.

8 Tortillas aus Mais- oder Weizenmehl
250 g scharfe Bohnen (Refritos)
2 TL gehackter frischer Jalapeño- oder Serrano-Chili
¼ eines krossen Salatkopfs (z. B. Eisbergsalat)
125 g reifer Cheddar, grobgehackt
100 g Oliven mit Stein, schwarz oder grün
250 g Salsa*
125 ml saure Sahne
8 Kirschtomaten, zerkleinert
Korianderblätter nach Belieben
2 frische rote Chilischoten, gehackt, nach Belieben

Ergibt 8 Stück

tortillas

Tortilla-Tüten mit gebackenen Bohnen

Frankfurter Würstchen wurden in den Vereinigten Staaten zu *dogs* wegen einer sehr beliebten, wurstähnlichen Figur aus einem Hunde-Cartoon. Dieser Imbiß, von dem Texaner Neil Fletcher 1942 erfunden, ist inzwischen in ganz Nordamerika verbreitet und wird von alt und jung gleichermaßen gern gegessen.

corn dogs

Würstchen im Maismantel

10 Würstchen, etwas Mehl zum Bestäuben
10 Satéstäbchen aus Holz
Maisöl zum Backen

45 g feines gelbes Maismehl
75 g Weizenmehl
¼ TL Salz
¼ TL Backpulver
175 ml Buttermilch oder dünner Naturjoghurt
1 Ei

Scharfer Senf oder Tomatenketchup

Ergibt 10 Stück

10 Satéstäbchen ½ Stunde lang in Wasser einweichen lassen. Die Würstchen der Länge nach aufspießen und mit etwas Mehl bestäuben.
Für den Teig das gesamte Mehl mit Salz und Backpulver in einer Schüssel vermischen. In einer weiteren Schüssel werden die Buttermilch oder Joghurt mit dem Ei gut verquirlt und dann mit der Mehlmischung zu einem glatten Teig verrührt.
Eine schwere Pfanne oder eine Friteuse wird 5 cm hoch mit Öl gefüllt und auf 190° erhitzt. Wenn ein Brotwürfel in 30 Sekunden gebräunt ist, ist die Temperatur erreicht.
Man taucht die Würstchen in den Teig und läßt sie dann, jeweils 4 oder 5 zur gleichen Zeit, im heißen Öl etwa 4 Minuten goldbraun backen. Auf Küchenkrepp abtropfen lassen und mit scharfem Senf oder Tomatenketchup servieren.

pollo pibil

Hühnchen im Bananenblatt

Kleine, delikate Köstlichkeiten wie diese findet man überall in Yukatan. Ein Pib ist ein mexikanischer Erdofen: Eine Grube wird mit im Feuer erhitzten Steinen gefüllt, die mit nassen Blättern bedeckt werden. Man legt die in Blätter gewickelte Speise darauf, bedeckt sie mit noch mehr nassen Blättern und zum Schluß mit Erde. Wie in unseren früher gebräuchlichen Kochkisten bleibt die Hitze so lange erhalten, bis das Essen gar ist. In Hawaii nennt man so einen Ofen *Imu*, und die Maoris in Neuseeland kennen ihn als *Hangi*. Diese Art der Nahrungszubereitung ist eine langwierige, aber unterhaltsame Unternehmung, an der sich der ganze Ort beteiligt. Unser Rezept ist für den heimischen Herd geeignet. Annatto wird nur in Läden zu finden sein, die sich auf Südamerika spezialisiert haben. Man kann es durch Gelbwurz (Kurkuma/Turmerik) oder 1 TL Safranfäden ersetzen: Nicht das gleiche, aber auch farbenfroh und aromatisch.

2 TL gemahlener Annatto*
2 TL schwarze Pfefferkörner
1 TL Pimentbeeren
1 TL getrockneter Oregano
1 TL Kreuzkümmel-Samen
5 Knoblauchzehen, gehackt
2 EL Orangensaft
500 g Hühnerbrustfilet, gehäutet und in 28 gleich große Stücke geschnitten
Bananenblätter zum Einwickeln (oder Alufolie)
grobes Meersalz

Ergibt 28 Stück bzw. 4–6 Portionen

Geben Sie Annatto, Pfefferkörner, Piment, Oregano und Kümmel in eine elektrische Gewürzmühle oder in einen Mörser und mahlen oder stoßen Sie alles zu Pulver. Mit Knoblauch und Orangensaft vermischen und in eine flache, nichtmetallene Form geben, die groß genug ist, daß alle Fleischstücke nebeneinander passen. Man dreht das Fleisch, bis es von allen Seiten mit der Marinade bedeckt ist, und läßt es etwa 5 Minuten ziehen.

Die Bananenblätter werden in etwa 5 cm breite Streifen geschnitten und die Fleischstücke einzeln hineingewickelt. Man befestigt die kleinen Päckchen mit einem hölzernen Zahnstocher und gart sie dann entweder 15 Minuten über Wasserdampf oder in der Mikrowelle bei 750 W (6 Stück brauchen 3 Minuten und 12 Stück 5 Minuten).

Wenn man zum Einwickeln Alufolie benutzt, wird das Fleisch zugedeckt im vorgeheizten Ofen bei 180° etwa 30–35 Minuten geschmort.

Zum Essen wird das Fleisch ausgepackt und in etwas Seesalz gestippt und mit den Fingern gegessen. Man kann auch die Marinade zu einem Sirup einkochen lassen, in den man dann die Fleischstückchen tunkt.

* Wenn Sie die Annattosamen selbst mahlen wollen, benutzen Sie am besten eine elektrische Gewürzmühle. Geben Sie zuerst etwas Salz hinein – die Samen sind sehr hart, und Salz erhöht die Reibung.

jerk pork

Gegrilltes Schweinefleisch mit Kräuterklößchen

Zu diesem würzigen, gegrillten Schweinefleisch gibt es Brötchen und Kräuterklößchen. Sein besonderes Aroma erhält es durch den Jamaika-Pfeffer bzw. Piment. Eigentlich sollte Jerk Pork nur über Holzkohle gegrillt werden, die von einem heimischen Pimentbaum aus Jamaika stammt.

4 EL Tomatenketchup

4 EL frischer Limonen- oder Zitronensaft

2 EL dunkle Sojasauce

1 EL Barbadoszucker oder brauner Zucker

1 TL grobzerstoßene Pfefferkörner

1 TL zerstoßene Pimentbeeren

½ TL Chilipulver

½ TL geriebene Limonenschale

3 Knoblauchzehen, feingehackt

1 TL Salz

675 Schweinelende, Kotelett oder Steak, ohne Knochen

Kräuterklößchen:

200 g Mehl

50 g Milchpulver

1 TL Backpulver

½ TL Salz

200 ml Wasser

4 EL gehackte Petersilie

Maisöl zum Fritieren

Alle Zutaten für die Marinade mischen, das gewaschene und gut abgetrocknete Fleisch hineingeben und 1 Stunde ruhenlassen.
Für die Kräuterklöße mischt man die trockenen Zutaten und verrührt sie mit so viel Wasser, daß ein fester Teig entsteht, aus dem man mit zwei Löffeln Klößchen absticht und formt. In reichlich Öl werden die Klößchen dann knusprig gebraten bzw. fritiert. Auf Küchenpapier abtropfen lassen.
Das Fleisch wird auf dem sehr heißen Rost 2 Minuten von jeder Seite gegrillt oder in der Pfanne auf dem Herd gebraten.
Als Getränk schmeckt am besten ein Rumpunsch dazu:

Rumpunsch Jamaika

350 ml dunklen Rum mit dem Saft von 8 Limonen und 125 ml Zuckersirup vermischen und nach Belieben Eis zugeben. In 4 Gläser füllen und mit geschlitzter Limonenscheibe dekorieren.
Für den Zuckersirup läßt man Wasser und Zucker zu gleichen Teilen aufkochen, bis der Zucker ganz gelöst ist. Im Kühlschrank ist das Getränk unbegrenzt haltbar.

prawn roti

Karibische Fladenbrote mit Krabbencurry

125 g ungebleichtes Mehl
75 g Weizenvollkornmehl
¼ TL Salz
60 ml Milch
60 ml lauwarmes Wasser
60 ml zerlassene Butter oder Erdnußöl

1 EL rote Currypaste
2½ cm Ingwerwurzel, feingeschnitten
4 Frühlingszwiebeln, gehackt
250 ml Kokosmilch (Dose)
125 g geschälte Krabben, gekocht oder frisch
2 EL geröstete getrocknete Kokosflocken
1 EL frische Korianderblätter, gehackt, oder glatte Petersilie
¼ TL Salz

Ergibt 4 Portionen

Köstlich dazu der Rumpunsch aus Trinidad:
ein Saures (1 Teil Limonensaft)
zwei Süße (2 Teile Zuckersirup)
drei Starke (3 Teile Rum)
vier Schwache (4 Teile Wasser)
Eis zugeben, umrühren, trinken.
Wunderbar!

Der Begriff *Roti* für alle Arten von Brot ist in Asien heimisch, und inzwischen ist der Name um die ganze Welt gewandert bis hin zu den Inseln der Karibik, wo *Roti* nun das ganze Gericht meint – das Brot und den Curry, der dazu gereicht wird.
In Trinidad wird Roti an bunten Ständen unter Kokospalmen verkauft oder nachts an laternenbeschienenen Buden am Strand zur rhythmischen Untermalung der Steel Drums. Touristen wie Einheimische lieben es, am Strand entlangzuschlendern und dabei das Roti zu essen.
Für eine Party vervielfältigt man die Zutaten entsprechend und serviert Roti und den Curry getrennt.

Für die Fladen Mehl und Salz in einer Schüssel mischen. Milch und Wasser in eine große Schüssel geben und 1 EL zerlassene Butter oder Öl hinzufügen, dann das Mehl löffelweise unterrühren und zu einem weichen Teig verarbeiten. 2 Minuten gründlich kneten, bis der Teig sich sauber vom Schüsselrand löst. Die Schüssel mit Öl auspinseln und die Teigkugel so lange in der Schüssel rollen, bis sie von allen Seiten eingeölt ist. In einer Plastiktüte läßt man den Teig dann 1 Stunde ruhen, bevor man ihn in 4 gleiche Teile teilt, die man jeweils zu einem runden Fladen ausrollt (etwa 20 cm Durchmesser). Den Fladen mit etwas zerlassener Butter bestreichen und zusammenfalten. An den Rändern fest zusammenpressen. Wieder die Oberfläche buttern und noch einmal zusammenfalten zu einer Art Dreieck. Die offenen Seiten ebenfalls fest andrücken und das Dreieck so ausrollen, daß die Seitenlänge auch etwa 20 cm beträgt.
Eine Pfanne mit Butter oder Öl auspinseln. Den Fladen unter mehrmaligem Wenden ungefähr 4–5 Minuten braten, bis er duftet und langsam fest und braun zu werden beginnt. In Folie warm halten, bis alle Fladen gebraten sind.
In einer Bratpfanne Currypaste, Ingwer, Frühlingszwiebeln und Kokosmilch 5 Minuten ohne Deckel köcheln lassen. Dann Krabben und Kokosflocken hinzufügen und 5–8 Minuten ziehen lassen.
Mit Kräutern und Salz abschmecken.
Entweder getrennt servieren oder den Curry auf den Fladen verteilen. Die Enden umschlagen, die Spitzen in Folie wickeln, beim Spazierengehen essen und sich dabei so wohl fühlen, als wären Sie in der Karibik!

europa

Streetfood in Europa ist so unterschiedlich wie das Klima, und bedenkt man die Einflüsse aus kolonialer Vergangenheit, den Jahrhunderte währenden Strom von Zuwanderern oder ruft sich das gemeinschaftliche Vergnügen des Passegiata, des abendlichen Bummels durch die Straßen in südlichen Breitengraden, vor Augen, beginnt man zu verstehen, weshalb uns Streetfood in Europa so variationsreich begegnet. Vom dänischen Smörrebröd bis zur Pizza und zum Gelati in Italien sind die Möglichkeiten unbegrenzt. Ein Fest kultureller Unterschiede und Gemeinsamkeiten.

Oben von links nach rechts: **Miesmuscheln sind überall in Europa beliebt, aber besonders in Belgien, wo sie auf hunderterlei Weise zubereitet werden. Französischer Käse ist angeblich der beste auf der Welt, und Baguette und Käse, dazu ein Glas Wein reichen einem Franzosen als Mittagessen. Überall beliebt ist Eiscreme, von den Gelaterias Italiens bis zu den Eissalons in Skandinavien, hier in Helsinki, Finnland**
Mitte von links nach rechts: **Knusprig nussige, doppelt gebackene Biscotti mit einem Digestif und einem Doppio Espresso. Belgisches Bier ist das ideale Getränk zu belgischen Pommes frites mit Mayonnaise. Rund ums Mittelmeer werden alle möglichen Muscheln auf Straßengrills zubereitet**
Unten von links nach rechts: **Gegrillte Sardinen mit Seesalz bestreut werden auf spanischen Märkten und in portugiesischen Restos auf der Straße verkauft.**
Brot ist die Basis für eine Vielzahl von Speisen wie Smörrebröd in Dänemark, Sarnies in England und Bruschetta in Italien. Paella – die spanische Reispfanne mit Krabben, Muscheln und Fleisch von Huhn oder Kaninchen – kocht man am besten für viele Menschen, egal ob im Restaurant oder auf der Straße

Das Angebot an Streetfood in Europa ist dermaßen reichhaltig,

daß es ebenso einschüchternd wie atemberaubend ist. Allerdings galt es in weiten Teilen Europas, besonders im Norden, lange als ungehörig, in der Öffentlichkeit zu essen. Vielleicht hat dieses Widerstreben, vor anderen zu essen, religiöse Gründe, ganz sicher aber klimatische. Obgleich die Temperaturen in Europa eher mild sind, kann es im Norden selbst im Sommer so kühl sein, daß es niemanden zum Essen ins Freie lockt. Vorurteile sind zwar langlebig, trotzdem hat sich die schnelle, unkomplizierte Küche auf der Straße durchgesetzt, und immer mehr traditionelle Gerichte werden den neuen Eßgewohnheiten angepaßt. Neben den regionalen Spezialitäten wie Sauerkraut oder Räucheraal, sind es natürlich die gängigen und straßenerprobten Köstlichkeiten wie Brezeln, Waffeln, Würstchen, Döner, Eis und Pizza, die man unterwegs findet. Immer empfänglicher wird die Straßenküche für Gerichte aus aller Welt, die das heimische Angebot bereichern.

England und die Niederlande haben den Wechsel beinahe übertrieben. Es ist heutzutage gar nicht einfach, in England noch gut Fish and Chips zu essen, aber mit Kebab, Calzone und Nasi Goreng hat man keine Schwierigkeiten. Und in Holland kommt man manchmal schneller an eine indonesische Rijstafel als an Salzheringe.

Es war einmal ... da konnte man in Griechenland Spießbraten vom Lamm selbst im entferntesten Winkel kiloweise bekommen. Heute gibt es eher Croissants, Quiche oder Dänische Blätterteigtaschen.

Selbst in Polen bevorzugt man mehr und mehr die beliebten westlichen Snacks und nicht die einheimischen Gerichte wie die würzigen, knackigen Gürkchen, die man mit Roggenbrot und Quark ißt.

In Frankreich ißt man eher selten im Stehen auf der Straße, sondern lieber in Bistros und Brasserien. Paris bildet die Ausnahme: Hier findet man alles in Imbißbuden: Neben Crèpes und Croissants gibt es japanisches Sashimi und Tajines aus Marokko.

Was man allerdings überall auf der Straße essen kann, das ist Eiscreme, und in Europa gibt es besonders gute Sorten, wie Jordbaer-Eis (Erdbeere) in Dänemark, Gelati di Limone in Italien und Sorbet à la framboise (Himbeere) in Frankreich.

Die Rezepte auf den folgenden Seiten sollen Sie neugierig machen auf die köstlichen Gerichte, die man auf Europas Straßen findet.

LE RUSTIQUE
RUSTIQUE

Belgisch Bier
Leffe
BLOND

frites et mayo

Belgische Fritten und Mayonnaise

Im Gegensatz zu den üblichen Pommes frites sind die belgischen viel dünner und darum natürlich viel knuspriger. Mit einem Tupfer sahniger Mayonnaise sind sie ebenso gut wie nahrhaft, wie so vieles, was auf der Straße zum Essen angeboten wird.

1 kg mehlige Kartoffeln*

Olivenöl und Erdnußöl

Meersalz und frisch gemahlener Pfeffer

Mayonnaise

125 ml extranatives Olivenöl

125 ml natives Olivenöl

125 ml Traubenkernöl

2 Eigelb, Raumtemperatur

2 TL Dijon-Senf

2 TL frischer Zitronensaft

¼ TL Salz

Ergibt 4 Portionen, die Mayonnaise reicht für 8–12

* Man unterscheidet mehlige und festkochende Kartoffeln. Zum Backen und Fritieren eignen sich am besten die mehligen Sorten. Denn sie werden außen sehr kroß und bleiben innen weich und locker.

Für die Mayonnaise verschlägt man die Eigelbe mit Senf, Salz und der Hälfte des Zitronensafts in einer hochwandigen Schüssel. Unter ständigem Rühren mit dem Schneebesen oder Elektroquirl gibt man zunächst tropfenweise, dann in dünnem Strahl das zuvor vermischte Öl hinzu, bis eine glatte, glänzende Emulsion entsteht. Wenn alles Öl verarbeitet ist, mit dem restlichen Zitronensaft abschmecken und zugedeckt kühl stellen.*

Für die Pommes frites werden die geschälten Kartoffeln der Länge nach in 5 mm breite Scheiben und diese wiederum zu 5 mm breiten Stiften geschnitten. In Eiswasser legen und vor dem Fritieren abtropfen lassen und sorgfältig abtrocknen.

Eine tiefe Pfanne oder Friteuse zu einem Drittel mit Öl füllen und auf 190° erhitzen. Die Kartoffeln portionsweise etwa 4 Minuten garen und abtropfen lassen. Unreinheiten aus dem Öl fischen und nochmals erhitzen und die Kartoffeln ein weiteres Mal fritieren, bis sie sehr knusprig sind (etwa 2 Minuten). Abtropfen lassen und warm stellen.

Salzen und pfeffern und mit einem Klecks Mayonnaise servieren.

Tip: Wenn die Mayonnaise in der Küchenmaschine gemacht werden soll, zusätzlich zu den Eigelben noch 1 ganzes Ei in den Mixer geben. Motor anstellen, Senf, halbe Menge Zitronensaft und Salz zufügen und dann das Öl langsam in dünnem Strahl hineingießen und eine glatte Emulsion herstellen. Mit dem restlichen Zitronensaft abschmecken.

tortilla de patata

Omelette von Kartoffeln, Zwiebeln und Peperoni

4 EL extranatives Olivenöl, am besten aus Spanien
750 g Kartoffeln, längs halbiert und in dicke Scheiben geschnitten
2–3 spanische Zwiebeln, in Scheiben geschnitten (ca. 500 g)
1 rote Paprika, entkernt und gewürfelt
6 Eier
grobes Meersalz und frisch gemahlener Pfeffer

Ergibt 6–8 Portionen

2 EL Öl in einer großen, schweren Pfanne erhitzen. Die Kartoffeln, Zwiebeln und Pfeffer zufügen und bei mittlerer Hitze 25–30 Minuten garen. Gelegentlich wenden, während der letzten 10 Minuten abdecken.
Eier, Salz und Pfeffer in einer großen Schüssel leicht verschlagen. Mit einem Schaumlöffel die Kartoffeln in die Schüssel heben und kurz unterrühren.
1 EL Öl in der Pfanne erhitzen, die Kartoffel-Eier-Mischung hineingeben und die Hitze reduzieren. Nach etwa 5–6 Minuten ist die Omelette gestockt und goldbraun gebraten.
Auf eine geölte Platte geben und mit der Oberseite zuunterst wieder in die Pfanne stürzen. Das restliche Öl den Pfannenrand hinunter und unter die Omelette laufen lassen und bei großer Hitze noch einmal 5 Minuten stocken und bräunen lassen.
Auf einer Tortenplatte etwas abkühlen lassen, aufschneiden und noch warm essen.

Die kleinen duftenden Würfel sind perfekt als Streetfood und gehören zum klassischen Repertoire an Tapas, der Auswahl an kleinen, frisch zubereiteten Leckereien, die in einer guten spanischen Kneipe nicht fehlen dürfen. Sie eignen sich auch gut für einen Empfang, dann schneidet man sie aber etwas mundgerechter zu. Mit einem spanischen Wein wie Rioja, kühlem Amontillado-Sherry oder einem Glas Bier schmecken sie besonders gut.

In Italien kann man fantastisch auf der Straße schlemmen. Am berühmtesten von allen Gerichten ist die Pizza, und wohin auch immer ein Italiener seinen Fuß gesetzt hat, ist sie heimisch geworden. Ursprünglich kommt sie aus Neapel und heißt Margherita. Manche Pizzen werden erst gebacken und dann belegt wie in unserem Rezept. Ähnlich wird auch die Tarte de Blette aus Nizza gemacht. Wie Crostini und Bruschette kann auch diese Pizza belegt werden mit Auberginen-, Artischocken- oder Steinpilzcreme und grob geraspeltem Parmesankäse.

pizza al taglio

Pizza mit Spinat und Pinienkernen

Pizza-Teig

1 Beutel (7 g) Trockenhefe
250 g ungebleichtes Mehl
½ TL Salz
180 ml lauwarmes Wasser
4 EL extranatives Olivenöl
4 Knoblauchzehen, feingehackt
1 EL frischer Rosmarin
2 TL Salz

Belag

375 g junger Spinat
100 g Sultaninen
30 g geröstete Pinienkerne
2 EL extranatives Olivenöl
Salz und frisch gemahlener Pfeffer

Ergibt 4 Portionen

Mehl, Hefe und Salz in die Schüssel der Küchenmaschine sieben. Wasser und 2 EL Olivenöl zugeben und in kurzen Intervallen alle Zutaten gut miteinander verarbeiten.
Mit der Hand 2 Minuten kräftig durchkneten. Den Teig dabei mehrmals hart auf die Arbeitsfläche klatschen lassen, das stärkt das sogenannte Teiggerüst. Die Teigkugel etwas einölen und zugedeckt an einem warmen Ort gehen lassen (etwa 4 Stunden).
In der Zwischenzeit den Spinat mehrmals gründlich waschen und verlesen und nur mit dem Abtropfwasser bei mittlerer Temperatur aufsetzen. Mit den Sultaninen und Pinienkernen garen, bis er gerade bißfest ist. Öl unterrühren und mit Salz und Pfeffer abschmecken.
Den Pizzateig nochmals kneten und zu einem länglichen Rechteck ausrollen. Mit den Fingern Vertiefungen in den Teig drücken, mit Knoblauch, Rosmarin und Salz bestreuen und das restliche Olivenöl darüberträufeln.
Auf leicht geöltem Backpapier bei ca. 200° etwa 20–30 Minuten backen, bis die Pizza eine schöne hellbraune Kruste hat.
Etwas abkühlen lassen, mit der Spinatmischung belegen, aufschneiden und servieren.
Kann warm und kalt gegessen werden.

Provenzialische Zwiebeltarte mit Oliven und Anchovis

Im Sommer ist der Gemüsemarkt in Nizza bezaubernd. Leuchtend in allen Farben liegen Obst und Gartenfrüchte auf offenen Ständen oder unter gestreiften Markisen aufgetürmt. Der Duft der Kräuter, von Anissamen, Knoblauch, Melonen und Pfirsichen läßt einem das Wasser im Mund zusammenlaufen. Typisch für diese Gegend sind La socca und Pissaladière, während ein ganz ähnliches Gericht in Mallorca Coca genannt wird. Sie können die Pissaladière als kleine ovale Törtchen backen oder in einem Stück, das dann aufgeschnitten wird. Schmecken wird sie auf jeden Fall!

1 Beutel (7 g) Trockenhefe

1 EL Puderzucker

250 g Mehl

1 TL Salz

125 ml lauwarmes Wasser

1 EL lauwarme Milch

1 geschlagenes Ei

1 EL extranatives Olivenöl und Öl zum Einfetten

Belag

50 g Anchovisfilets aus der Dose

4–5 große Zwiebeln (ca. 1 kg), in Scheiben

1 Bouquet garni aus frischem Thymian, Petersilie und Lorbeerblatt

4 EL extranatives Olivenöl oder Butter

150 g entsteinte schwarze Oliven (etwa 40)

Ergibt 4 Portionen

Mehl, Puderzucker, Salz und Trockenhefe in eine Schüssel sieben und mit Wasser, Milch und Ei zu einem glatten Teig verarbeiten, gründlich durchwalken, mit Öl bestreichen und an einem warmen Ort zugedeckt gehen lassen, bis er etwa doppelt so groß ist (1–2 Stunden).

In der Zwischenzeit die Anchovis, falls zu salzig, wässern und abtrocknen. Die Filets längs halbieren.

Das Öl in einer großen Bratpfanne erhitzen und Zwiebeln und Kräuter bei mäßiger Hitze kochen, bis sie zu karamelisieren beginnen, aber noch nicht braun sind (etwa 30–40 Minuten).

Aus dem Teig 4 ovale Böden formen, eventuell die Ränder körbchenartig nach oben biegen.

Auf ein gefettetes Backpapier legen und im vorgeheizten Ofen 7–8 Minuten bei etwa 200° (Gas Stufe 8) backen.

Die Törtchen aus dem Ofen nehmen und mit den Zwiebeln bestreichen. Die Anchovis gitterförmig auflegen und die Oliven zwischen den Filetstreifen verteilen.

Noch einmal 10–12 Minuten backen. Heiß servieren.

pissaladière

100 g Kichererbsenmehl*

1 TL Salz

250 ml kaltes Wasser

Olivenöl zum Braten

Salz, frisch gemahlener Pfeffer oder Zucker zum Bestreuen

Ergibt 4 Portionen

Aus Mehl, Salz und Wasser einen glatten, weichen Teig rühren. 10 Minuten bis eine Stunde ruhenlassen. Eine Bratpfanne sehr heiß werden lassen und mit Öl ausstreichen.

Den Teig noch mal aufschlagen, bei Bedarf noch etwas Wasser zugeben. Der Teig soll die Konsistenz einer dünnen Creme haben.

Immer nur so viel Teig in die Pfanne geben, daß der Boden eben bedeckt ist. Bei großer Hitze backen, bis der Teig Blasen wirft, die Ränder braun werden und sich kräuseln und die Mitte gerade fest zu werden beginnt (2–3 Minuten). Die Hippe wird nur von einer Seite gebacken.

Mit einem Küchenspachtel in der Mitte zerteilen. Die beiden Hälften noch einmal falten, so daß man zwei keilförmige Spitzen erhält. Die Spitzen in ein Papier wickeln, mit Salz und Pfeffer oder mit Zucker bestreuen und gleich essen.

Mit dem restlichen Teig ebenso verfahren. 2 Hippen reichen für eine Portion.

la socca

Knusprige Hippen

* Kichererbsenmehl gibt es in Naturkostläden oder unter dem Namen Gram oder Besan in Indien- oder Asienmärkten.

Die typische Socca gibt es schon sehr lange in Nizza und diente zunächst den Leuten auf dem Bau als Vormittagsimbiß. Damals gingen die Händler von einer Baustelle zur anderen und riefen ihre Ware aus, heute kauft man Socca an Buden auf der Straße. Sie wird bei großer Hitze gebraten, bis die Ränder rissig sind, die Mitte aber noch ein wenig weich ist: Über einem Rost hält man sie warm.

fish supper

Fish and Chips nach schottischer Art

Fish and Chips ging von Großbritannien aus um die Welt, und Fish Supper ist die schottische Variante: In einem knusprig lockeren Teig ausgebackener Fisch – in Schottland nimmt man Dorsch, in England Kabeljau. Dazu gibt es einfache Bratkartoffeln oder Fritten, die man aus einer Papiertüte ißt oder mit nach Hause nimmt. Es gibt viele unterschiedliche Rezepte für den Ausbackteig. Dieses hier ist ein ebenso gutes wie einfaches und darum allseits beliebt. In Schottland ißt man den Fisch mit brauner Sauce, in England mit Malzessig, in Australien und Neuseeland nimmt man Spalten von frischen Zitronen und dazu Salz, Zwiebeln und Gewürzgurken.

1 kg mehlige Kartoffeln, geschält und in 1,5 cm breite Streifen geschnitten (bis zum Backen in Eiswasser aufbewahren)

Pflanzenöl oder Fritierfett (z. B. Biskin)

750 g Dorsch- oder Kabeljaufilets, ohne Haut

Salz und Pfeffer

Bierteig

125 g Mehl, gesiebt

1 TL Salz

250 ml abgestandenes Bier oder Wasser

Ergibt 4 Portionen

Mehl, Salz und Bier oder Wasser in einer mittelgroßen Schüssel zu einem sämigen Teig schlagen. Reichlich Bratfett in einer tiefen Pfanne oder Friteuse erhitzen und die Kartoffeln in 2 Portionen jeweils 10–12 Minuten unter häufigem Wenden kroß braten. Auf Küchenpapier abtropfen lassen und im mäßig heißen Ofen warm stellen.

Den Fisch in 4 gleich große Stücke teilen und mit Küchenpapier trockentupfen. Die Fischstücke so in den Teig tauchen, daß sie vollständig mit Teig überzogen sind. Vorsichtig nacheinander im heißen Fett schwimmend backen, von jeder Seite etwa 3 Minuten, bis der Teig goldbraun und knusprig ist. Warm stellen, bis alle Filets gebacken sind.

smørrebrød

Dänische Schnittchen mit dreierlei Meeresfrüchten

6 Scheiben Roggenmischbrot
6 Scheiben schwarzes Vollkornbrot
6 Scheiben Roggenbrot mit Kümmel
50 g ungesalzene Butter

Forellenbelag

Filets von 2 Regenbogenforellen, ohne Haut
90 ml weißer Weinessig
25 g Würfelzucker
2 EL grobes Meersalz
1 rote Zwiebel, in dünne Ringe geschnitten
6 Cornichons, in Scheiben geschnitten

Gravad Lachs

350 g Filet vom Wildlachs, etwa 15 cm lang
50 g grobes Meersalz
50 g Puderzucker
25 g frisch gehackter Dill
2 TL zerdrückte schwarze Pfefferkörner
6 Dillzweige

Garnelen

36 gekochte, geschälte Garnelen
12 Schnittlauchhalme oder glatte Petersilie
2 EL Mayonnaise
1 Zitronen, in 6 Spalten geschnitten

Ergibt 18 Stück bzw. 6 Portionen

Lange ehe Bruschette und Crostini in Mode kamen, hatte man in Dänemark aus belegten Broten schon kulinarische Wunder gezaubert. Zu einem leichten Sommeressen in Dänemark gehört immer auch das Smörrebröd, und weil es ebenso unkompliziert wie köstlich ist, hat es sich überall durchgesetzt. In Dänemark legt man großen Wert auf eine Vielzahl köstlicher und frischer Brotsorten. Sogar am Sonntag sind deshalb die Bäckereien geöffnet. Die Scheiben müssen reichlich mit Butter bestrichen werden, damit die üppigen Beläge das Brot nicht zu feucht werden lassen.

Die Forelle einen Tag vorher vorbereiten. In eine etwa 5 cm tiefe irdene Schüssel legen. Essig, Zucker und Salz erhitzen. Etwas abgekühlt über die Fischfilets gießen und zugedeckt über Nacht kühl stellen. Für den Gravad Lachs reibt man den Fisch mit Salz ein, danach mit Zucker. Den Dill aufstreuen und festklopfen. Den Lachs mit der Hautseite nach unten in eine flache, nichtmetallene Schale legen darauf ein Holzbrett und fest drücken. Mit einem Gewicht beschweren und 24 Stunden im Kühlen marinieren lassen.

Kurz vor dem Servieren die Brotscheiben mit Butter bestreichen.

Den Lachs abtrocknen und schräg in etwa 12–18 dünne Scheiben schneiden. Mehrere Scheiben auf dem Mischbrot verteilen, pfeffern und mit einem kleinen Dillzweig dekorieren.

Die Forellenfilets trockentupfen und in so viele Stücke zerlegen, daß 2 auf jedes Schwarzbrot passen, die roten Zwiebelringe und Cornichonscheiben kommen obendrauf.

6 Garnelen auf jedes Roggenbrot legen, ein Mayonnaisehäubchen aufsetzen und Schnittlauch oder Petersilie drüberstreuen. Mit einer Zitronenspalte verzieren.

Es lohnt sich, auf die Suche nach dem richtigen Filoteig zu gehen, den es in hauchdünnen Scheiben gibt. Die einzelnen Blätter sind so dünn, daß man die noch nicht bearbeiteten mit einem feuchten Tuch abdecken muß, damit sie nicht austrocknen. Man findet in Griechenland häufig auch eine rechteckige Version der Tiropitakia aus herkömmlichem Blätterteig, aber richtig sind nur die dreieckigen aus Filoblättern mit einer Füllung aus Käse, Kräutern und Ei. Es gibt sie groß (Tiropitta) oder klein (Tiropitakia). Man kann sie frisch und duftend in einer der alten weißgekachelten Bäckereien kaufen, in denen es auch ein wunderbares doppeltgebackenes Brot (Paximathia) gibt. Filo-Blätterteig findet man bei uns in griechischen Lebensmittelgeschäften und gut sortierten Delikateßläden.

tiropitakia

Griechische Blätterteigpiroggen mit Kräutern und Käse

6 Scheiben griechischer Filo-Blätterteig (etwa 85 g)
60 ml griechisches extranatives Olivenöl
Olivenöl zum Braten

Füllung

250 g Feta-Käse, in Brocken
1 geschlagenes Ei
2 TL gehackte frische Minze
1 TL getrockneter Oregano oder 4 TL frischer, gehackter Oregano
frisch gemahlener schwarzer Pfeffer
½ TL gemahlene Muskatnuß

Ergibt 18 große, 24 kleine Piroggen
6 Portionen

Für die Füllung vermischt man Käse, Ei, Minze, Oregano, Pfeffer und Muskatnuß in einer Schüssel zu einer Paste. Kühl stellen.

Den Blätterteig auf der Arbeitsfläche mit feuchtem Tuch bedecken. Eine Scheibe nach der anderen mit Öl bestreichen und mit einer Schere der Länge nach in 3 Streifen (für Tiropitta) oder 4 Streifen (für Tiropitakia) schneiden.

1 gehäuften TL der Füllung auf eine Ecke eines Streifens setzen und diese Ecke zur gegenüberliegenden langen Kante umschlagen. Man faltet sie mehrmals, bis man ein kleines festes Dreieck erhält, das mit Öl bestrichen und auf ein Backblech gesetzt wird. Man verfährt so, bis der Teig und die Füllung verbraucht sind.

In einem vorgeheizten Ofen bei 180° (Gas Stufe 4) etwa 20 Minuten oder in kleinen Portionen in der Friteuse 1–2 Minuten von jeder Seite backen. Fritierte Tiropitakia auf Küchenpapier abtropfen lassen. Heiß oder kalt essen zu einem Glas Retsina, Ouzo oder Bier.

loukoumathes

Krosse Krapfen mit Honigsirup und Zimt

In griechischen Cafés oder Imbißbuden sieht man manchmal riesige Kessel mit blubberndem Öl, in denen diese Krapfen gebacken werden. Sie sind köstlich zum Frühstück, mit Metrio (gesüßtem Kaffee) am Nachmittag oder als ein üppiger Nachtisch, serviert auf frischen Feigenblättern mit dickem griechischen Joghurt.

1 Beutel (7 g) Trockenhefe

250 g gesiebtes Mehl

1 TL Zucker

½ TL Salz

250 ml lauwarmes Wasser

Mais- oder Erdnußöl zum Braten

4 TL gemahlener Zimt

Honigsirup

125 ml klarer Honig

Saft von 1 Zitrone

Ergibt etwa 20 Stück

Mehl, Hefe, Zucker und Salz in eine Schüssel sieben und mit dem Wasser gründlich zu einem glatten Teig verarbeiten. An einem warmen Ort zugedeckt 30 Minuten bis 2 Stunden gehen lassen, bis der Teig Blasen wirft.

Eine Handvoll Teig nehmen und durch die geschlossene Faust nach unten quetschen. Mit Daumen und Zeigefinger der anderen Hand kleine, walnußgroße Stückchen abzupfen und auf eine Platte legen. Man kann den Teig auch mit 2 TL abstechen. Eine Pfanne wird zu einem Drittel mit Öl gefüllt und erhitzt. Die Teigstücke portionsweise in das heiße Öl gleiten lassen und in etwa 4–6 Minuten goldbraun backen. Während des Backens mit einer Gabel oder einem Schaumlöffel wenden. Nach dem Backen abtropfen lassen und warm stellen.

Aus Honig und Zitronensaft bei ganz milder Hitze einen dünnen Sirup bereiten und vor dem Servieren über die Krapfen träufeln. Zum Schluß einen Hauch Zimt drüberstreuen.

Für das Zitroneneis die Säfte mit dem Likör und dem Orangenblütenwasser mischen und abseihen.
Für das Erdbeereis püriert man die Erdbeeren mit 90 g Zucker, erhitzt sie etwa 10 Minuten im Wasserbad und gießt sie durch ein Sieb, um die Samen zu entfernen.
Und so macht man die Basis für die Eiscreme: Die Milch zum Kochen bringen. Eigelbe und Zucker zu weißlicher Creme aufschlagen, die heiße Milch langsam unterrühren und im Wasserbad so lange rühren, bis sie beginnt, dicklich zu werden. Den Mascarpone löffelweise zugeben und rühren, bis er aufgelöst ist. Die Schüssel zum Abkühlen in Eiswasser setzen, dabei ab und zu umrühren.
Unter einen Teil der Masse den Saft mischen, unter den anderen das Erdbeerpüree mit dem Likör und dem Orangenblütenwasser,
Nach Herstelleranweisung in die Eiscrememaschine* geben oder in zugedeckten Plastikbehältern einfrieren. Dann vor dem Verzehr 25–40 Minuten im Kühlschrank etwas antauen lassen.

* Wenn man keine Eiscrememaschine hat, muß man das Eis in einem zugedeckten Plastikbehälter einfrieren. Das dauert etwa 4–6 Stunden. Dabei jede Stunde die Masse vom Rand her umrühren, damit sie gleichmäßig friert. Die Struktur ist nicht so sahnig, trotzdem schmeckt das Eis lecker.

250 g Puderzucker
250 ml Vollmilch
4 Eigelb
250 g Mascarpone

Zitronengeschmack

250 ml Orangensaft (etwa 4 Orangen)
250 ml Zitronensaft (etwa 5 Zitronen)
250 ml Klementinen- oder Mandarinensaft (etwa 5 Früchte)
1 EL Cointreau
½ TL Orangenblütenwasser

Erdbeergeschmack

750 g reife frische Erdbeeren
1 EL Obstlikör oder dunkler Rum
½ TL Orangenblütenwasser

Ergibt 1 Liter bzw. 8 Portionen

gelato di limone e fragole

Italienische Eiscreme

Eiscreme ist die ideale Schlemmerei auf der Straße. Mein Lieblingseis habe ich in Frankreich und Italien gefunden: Honig-Nougat-Eis in der Provence, Lavendel- und Thymian-Eis in Nizza, Sorbet aus Schwarzen Johannisbeeren mit Crème de Cassis in Paris. Auf den sonnendurchfluteten Piazzas in Florenz genoß ich Gelati von weißem Pfirsich, Himbeeren, Marsala und Zabaglione. Sorrent, im Süden von Neapel, ist eine der Eiscreme-Hochburgen der Welt, und dieses Gelato di Limone erinnert mich an die reifen Orangen und Zitronen am blauen Mittelmeer, die von üppigen Zweigen über hohen Gartenmauern hingen.

afrika

und der nahe osten

Von der Türkei bis Marokko und dem Kap, von Moçambique bis Sansibar reicht das Spektrum der Speisen, die wir für dieses Kapitel ausgewählt haben. Streetfood in Afrika und im Vorderen Orient spiegelt den Reichtum der Kulturen wider, die dort aufgeblüht und untergegangen sind – die kaiserlichen Traditionen des Osmanischen Reiches, das koloniale Erbe der Europäer in Afrika und die indischen Einflüsse, die man an der afrikanischen Ostküste spürt.

Oben: Dampfender Minze-Tee wird in Teestuben in Marokko serviert. Teestuben sind fast überall in Nordafrika eine männliche Domäne, diese sommerliche Variante mit Eis wird aber in anderen Teilen der Erde gern von Männern wie Frauen getrunken
Links: Frische Früchte wie Feigen und Granatäpfel sind in allen arabischen und arabisch beeinflußten Ländern begehrt und werden frisch oder getrocknet gegessen. Feigen sind besonders gut mit einer Prise Pfeffer
Unten von links nach rechts: Taschentuchdünne Fladenbrote ißt man von Marokko, ganz Nordafrika und im Nahen Osten bis hin zu Pakistan und Nordindien. Nüsse sind ein wichtiger Bestandteil der arabischen und persischen Küche, sowohl roh, wie hier, als auch in gekochten Gerichten. Eine Frau brät Krapfen auf einem Markt im Senegal

Streetfood in Afrika und dem Vorderen Orient ist kraftvoll und unverwechselbar im Geschmack.

Wenn Menschen über ihre heimatlichen Speisen sprechen, werden sie oft sentimental und von Gefühlen überwältigt. Ihre Beschreibungen sind mitunter von Vorurteilen und Leidenschaften geprägt, so daß eine Beurteilung ihrer Aussagen schwer wird.

Für dieses Buch habe ich Ägypten, Syrien, Libanon, Sudan, Jordanien, Irak, Iran, die Golfstaaten, Jemen und Israel zum Mittleren Osten gerechnet.

Marokko, Tunesien und Algerien zähle ich zu Afrika.

Die Küche von Marokko und Tunesien, auf die Berber, Araber und Spanier Einfluß genommen haben, ist sehr beliebt in Europa und Amerika, andere afrikanische Speisen aber sind fast unbekannt. Während uns die scharfwürzigen Kichererbsen oder die breiten Bohnen mit Salz und Kümmel vertraut sind, auch Kefta (Kebab von gehacktem Lamm), Harira oder Couscous, wissen wir nichts von ghanesischen Tatale oder Joloffe (Hühnchen) oder den Matumbuwa (Krapfen) aus Sambia.

In Afrika werden köstliche und nahrhafte Gerichte aus Weizen, Hirse, Kukuruz, Gerste, Reis, Erdnüssen und Yamswurzel sowie Bohnen, Erbsen, Linsen und Bananen „gezaubert". Außerdem gibt es als typisches Streetfood Fladenbrote, weiche Klöße, gewürzte Nüsse, Erdnußgebäck und Melonensamen. Romantische Orte wie Sansibar, Timbuktu und Marrakesch waren einst exotische Vorposten der Gewürzstraßen, und so ist es nicht überraschend, wenn scharfes Harissa, Berbere, Peri-Peri und Chermoula zum festen Bestandteil der afrikanischen Straßenküche gehört.

Wenn in Afrika die Wiege der Menschheit stand, dann war der Vordere Orient die Wiege aller westlichen Zivilisation; überwältigend durch exotische Fülle bei gleichzeitiger Verschiedenheit. Hier ist Gastfreundschaft oberstes Gebot. Im Gewirr eines Markts in Tel Aviv, unter kühlen Palmen in einer schattigen Oase, an einer weiß getünchten Mauer in einer kühlen Medina oder auf den leinwandbedeckten Marktständen arabischer Händler am Arabischen Meer finden sich frische Gewürze neben Auberginen und Gurken, Körben voll Datteln und Nüssen und dazu auf Schnüre gefädelte Chilis. Es ist eine faszinierende Auswahl aparter Geschmacksrichtungen und unvergeßlicher Eindrücke.

Hier existieren Luxus und Armut nebeneinander. Wenn man schlendernd an Sesamplätzchen knabbert, einen kühlen Doogh (Joghurt) trinkt oder Lavash in einen scharfen Gemüsebrei taucht, einen Fladen um Schafsmilchkäse oder saftiges, kräutergewürztes Lammfleisch wickelt, ißt man die Speisen der Bauern und folgt damit uralten Gewohnheiten. Welch ein Gegensatz dazu ist ein elegantes Kaviar-Essen am Kaspischen Meer mit schwarzem Roggenbrot und Butter – nicht gerade alltägliches Streetfood, andererseits aber auch wieder nichts Besonders, wenn man weiß, wo man suchen muß.

Geröstete Maronen und rote Bete, Halva, Sabusak, Kibbeh, Aprikosensirup – was steckt in diesen Gerichten für eine Faszination! In Zentral- und Ostafrika gehören kleine Krapfen und Maiskolben zum Angebot wie auch Nswa (fritierte Ameisen, die nach Erdnüssen schmecken sollen, so wurde mir glaubwürdig versichert), Nüsse und Biltong (Streifen von Dörrfleisch). Es finden sich auch indische Einflüsse, besonders aus den westlichen Staaten von Gujerat und Kerala, die beide eine alte vegetarische Tradition haben. Das hat zu einer auf Reis, Linsen und Gemüse basierenden Küche geführt mit afrikanischen Gerichten wie dem Bananencurry.

Zu trinken bekommt man ähnliches wie in anderen tropischen Ländern: Zuckerrohr- und Ananassaft oder das Wasser einer frischen Kokosnuß. Datteln gibt es frisch oder getrocknet als Snack und für zu Hause.

Dieses Kapitel sorgt für einige der aufregendsten Genüsse, die unser Globus bereithält. Genießen Sie es!

cig börek

Türkische Lammtaschen

Teig

16 Blätter Filo-Teig (klein)
oder 8 große Blätter, halbiert
oder selbst gemacht aus:
300 g Mehl
1 TL Salz
1 Ei
1 EL Milch
125 ml Wasser
Sonnenblumenöl zum Bestreichen
und Backen

Lammfüllung

500 g gehacktes Lammfleisch (aus der Schulter)
1 Zwiebel, gehackt
1 große Tomate, gehäutet und gehackt
1 TL Salz
1 TL frisch gemahlener Pfeffer
1 TL gemahlener Zimt
1 kleines Sträußchen glatte Petersilie, gehackt

Ergibt 16 Stück oder 8 Portionen

Reisende, die aus Istanbul kommen, schwärmen von den Gewürzen, von üppig nach Minze duftenden Lammbraten, von Nußschichtkuchen und klebrigen Süßigkeiten. Am meisten begeistern sie sich für die Böreks, die mit Käse oder Fleisch gefüllt werden, die man heiß auf der Straße oder dem Bazar kaufen kann, und sie erzählen von den Marktrufern mit Körben, in denen sich die würzigen Brote stapeln, und von den traditionellen Gilden, die noch heute diese Händler beschützen. Es ist ein Land faszinierender Kontraste: eine Mischung aus westlichem und orientalischem Denken und gleichzeitig bäuerlicher Lebenslust und ursprünglicher Gastlichkeit. In der Türkei wird Börek mit Yufka, geölten Scheiben aus einem Teig, so dünn wie griechischer Filo, gemacht. Böreks aus Yufka oder Filo rollt man am besten zigarrenähnlich auf. Aus selbstgemachtem Teig formt man halbmondförmige Taschen.

Für die Füllung das Fleisch anbraten und mit Zwiebel, Tomate, Salz, Pfeffer und Zimt bei großer Hitze 5 Minuten garen. Die Petersilie zufügen und zum Abkühlen beiseite stellen. In 16 Portionen teilen.

Selbstgemachte Böreks: Mehl und Salz in eine Schüssel geben und in die Mitte eine Vertiefung drücken. Ei mit Milch und Wasser in einer separaten Schüssel verquirlen, zum Mehl geben und zu einem weichen Teig verarbeiten. Auf einer leicht bemehlten Arbeitsfläche den Teig etwa zwei Minuten durchkneten und zugedeckt 10 Minuten kalt stellen. Den Teig in 16 gleiche Stücke teilen und Kreise von 12 cm ausrollen. Füllung auf eine Hälfte geben, den Rand anfeuchten, den Teig über die Füllung legen und die Ränder mit den Fingern oder mit einer Gabel fest andrücken.

Böreks aus Filo-Teig: Die Filo-Blätter auf die Arbeitsfläche legen und mit einem feuchten Tuch bedecken. 1 Blatt mit Öl bepinseln und die Füllung unten auf die Schmalseite geben. Die Seiten nach innen einschlagen und nach oben aufrollen. Das Ende mit Öl bestreichen und fest andrücken.

Das Öl in einer tiefen Pfanne oder in der Friteuse erhitzen und die Böreks portionsweise 4 Minuten backen (aus Filo-Teig brauchen sie etwas weniger lange), dabei einmal wenden. Abtropfen lassen und noch heiß essen.

Vor Jahren machte ich Ferien in Tunesien und war begeistert von den fantastischen Mosaiken des alten Karthago. Außerdem entdeckte ich Minze-Tee und Ouarko-Teig (ähnlich wie Filo, aber elastischer). Die Händler trugen flache Körbe auf den Knien, in denen sie die hauchdünnen, kreisrunden, seidenweißen Teigblätter gestapelt hatten. Aus diesen werden dann Briks gemacht, mit unterschiedlichen Füllungen. Ich mag sie am liebsten mit Ei, Fisch und Gewürzen. Wachteleier garen schnell und haben die richtige Größe für Briks. Man kann sie frisch auf dem Wochenmarkt am Geflügelstand finden oder in Gläsern in größeren Supermärkten oder Asienläden.

brik

Tunesisches Würzgebäck mit Fisch und Ei

4 EL gehackter frischer Koriander

4 EL gehackte frische glatte Petersilie

150 g Fischfilet, gehackt

½ TL Salz

1 TL Kreuzkümmel

12 große Blätter Quarko- oder Filo-Teig

12 Wachteleier

Erdnußöl zum Backen

Zum Anrichten

Zitronenschnitze

Harissa oder scharfe Würzpaste

Ergibt 12 Stück bzw. 4 Portionen

Koriander, Petersilie, Fisch, Salz und Kümmel in einer Schüssel vermischen und in 12 Portionen teilen.

Das Öl in einer Pfanne oder in der Friteuse oder im Wok erhitzen, während man die Briks zubereitet, anschließend sofort backen. 1 Teigblatt wird zur Hälfte gefaltet, dabei werden die Ränder etwas angefeuchtet, damit sie aneinanderkleben. Etwas Fischfüllung auf den Teig geben, in die Mitte eine Vertiefung drücken, in die man 1 Wachtelei aufschlägt. Die Teigränder anfeuchten und die untere Hälfte nach oben falten, dabei senkrecht halten, damit das Ei nicht aus der Füllung gleitet.

Die Ränder fest andrücken und dann nach innen biegen. Oberhalb der Füllung wird der Teig wie ein Beutel zusammengedreht und dabei fest verschlossen.

1 bis 1 ½ Minuten lang werden die Briks im heißen Öl gebacken. Die Eigelbe sollten noch weich sein. Will man sie härter haben, läßt man sie eine ½ Minute länger garen.

Mit Zitronenschnitzen und Harissa oder einer anderen scharfen Würzpaste servieren.

PREFERENCE AVANT FIN
1999

loubia,

Rote Bete, im ganzen auf Holzkohle geröstet, sieht man häufig auf den Straßen Irans. Ebenso beliebt sind Loubia – breite, flache Bohnen, die gekocht werden mit Gulpazh, wilder Angelica. Das klingt ziemlich exotisch, aber vielleicht haben Sie in der Nähe zufällig einen Gemüsehändler aus dem Iran oder einem der Nachbarländer, der Ihnen Gulpazh besorgen kann. Wenn nicht, behelfen Sie sich mit getrocknetem Liebstöckel – nicht das gleiche, aber auch gut und exotisch. Sie können auch versuchen, selbst Angelica anzubauen, aber einmal gepflanzt, werden Sie es nie wieder los!

labu und doogh

Geröstete rote Bete, Angelica-Bohnen und Trinkjoghurt

1 kg breite Bohnen, in den Hülsen, oder flache Bohnen
1 l Brühe oder Wasser
2 EL Gulpazh (getrocknete wilde Angelica) oder getrockneter Liebstöckel
60 ml Essig

Geröstete rote Bete

8 rote Bete, roh und ungeschält, aber gut gebürstet (etwa 1 kg)
Salz und frisch gemahlener Pfeffer
Zitronensaft

Ergibt 8 Portionen

Die Bohnen waschen, Stiele und Fäden entfernen, mit Gulpazh und Essig in der Brühe oder im Wasser zum Kochen bringen und zugedeckt in 1¼ bis 1½ Stunden garen. Die Kochzeit für flache Bohnen beträgt nur 30 Minuten.

Die rote Bete auf dem Grill bei mäßiger Temperatur braten, dabei gelegentlich drehen, bis sie von allen Seiten dunkel und schrumpelig sind, das dauert etwa 1½ Stunden. Die verkohlte schwarze Schale abziehen, dabei Küchenpapier benutzen, um die Finger nicht zu verbrennen.

Die rote Bete in Stücke oder Scheiben schneiden, salzen und pfeffern und mit etwas Zitronensaft beträufeln.

Joghurt Doogh

Gekühlte Joghurts wie dieser sind wunderbar erfrischende Getränke, egal ob würzig oder gesüßt: 500 ml Naturjoghurt mit 250 ml eisgekühltem Wasser und 1 TL Salz oder Zucker verschlagen. In 8 kleine, gekühlte Gläser verteilen und mit Kümmelsamen bestreuen.

falafel

Bällchen von weißen Bohnen und Kichererbsen

Bevor der Krieg alles zerstörte, war Beirut eine Perle des Orients, voller Schönheit und Leben, eine quirlige, bunte, geräuschvolle Großstadt, in der wunderbare Häuser gebaut wurden, Läden mit Luxusartikeln öffneten, Bars zu exotischen Drinks einluden und Straßenküchen mit duftenden Köstlichkeiten lockten. Es war ein lebensfroher, gescheiter, weltoffener Mix von Kulturen und Speisen.
Dieses libanesische Gericht kann man überall im Nahen Osten finden, von Damaskus bis Jerusalem, von Marrakesch bis Alexandria. Es gibt zahllose Varianten, diese ist köstlich und nahrhaft und sollte in Ihrem Repertoire ebenso wenig fehlen wie die dazugehörige Sauce: Tarator bi Tahini aus gerösteten Sesamkörnern.

250 g geschälte getrocknete breite Bohnen
125 g getrocknete Kichererbsen
8 Frühlingszwiebeln, gehackt
4 Knoblauchzehen, gehackt
75 g gehackte Petersilie
75 g gehackter Koriander
½ TL Chilipulver
2 TL Kreuzkümmelsamen, zerdrückt
2 TL Koriandersamen, zerdrückt
1 TL Salz
2 TL Backpulver
Olivenöl zum Braten

Tarator bi Tahini

125 g Tahin (Sesampaste)
Saft von 2 Zitronen
4 Knoblauchzehen, gehackt
Salz und frisch gemahlener Pfeffer
160 ml heißes Wasser

Als Beilage

6 Khoubiz- oder Pita-Brote (Fladenbrote)
Salat (Kopfsalat, Zwiebeln, Tomaten, Gurken und Radieschen)

Ergibt 36 Stück bzw. 6 Portionen

Die Bohnen und Erbsen getrennt in reichlich kaltem Wasser 24 Stunden einweichen.
Wasser abgießen und Bohnen und Erbsen im Mixer der Küchenmaschine in kurzen Stößen zu einer groben Paste pürieren. Bei laufendem Mixer Frühlingszwiebeln, Knoblauch, Petersilie, Korianderblätter, Chilipulver, Kreuzkümmel, Koriander, Salz und Backpulver zufügen.
Walnußgroße Bällchen formen. Eine Pfanne zu einem Drittel mit Öl füllen und jeweils 8 der Bällchen etwa 1½ Minuten fritieren. Zwischendurch einmal wenden. Abtropfen lassen und warm stellen.
Für die Sauce werden alle Zutaten in einem Mixer zu einer sahnigen Creme geschlagen, bei Bedarf etwas Wasser zufügen. Kühl stellen.
Zum Servieren die Fladenbrote aufschneiden, in jedes 6 heiße Klöpschen füllen, Salat zugeben und etwas Sauce darübertröpfeln.

4 Fladenbrote, z. B. Pita, aufgebacken

extranatives Olivenöl zum Stippen

Dukkah

100 g Sesamsamen

75 g Haselnüsse

50 g geröstete Kichererbsen (Garbanzos)*

50 g Koriandersamen

25 g Kreuzkümmelsamen

1 TL Salz

½ TL schwarze Pfefferkörner

1 TL getrockneter Thymian

2 TL milder Paprika

Ergibt 8 Portionen

Stellen Sie sich einen farbenfrohen Markt in Kairo vor – die Luft vibrierend von Hitze, schweren Düften und lautem Stimmengewirr. Es ist eine Kakophonie von trötenden Autohupen, Kindergeplärr und Marktschreiern, deren Waren Sie probieren sollen. Ich erinnere mich an einen Mann im Kapuzenburnus, der, gegen einen Obststand gelehnt, ein Stück Fladenbrot zuerst in Öl tunkte und dann in eine seltsame braun-bunte Mischung – das war Dukkah, eine Armeleutespeise, die auch dem Reichen köstlich schmeckt, vor allem mit Labneh (kleinen Kugeln aus Frischkäse), Kräutern, eingelegten Chilischoten, Tomaten und Radieschen.

dukkah

Nuß-Gewürz-Mischung mit Fladenbrot und Olivenöl

Die Sesamsamen in einer trockenen Bratpfanne hell rösten. Die Haselnüsse und Kichererbsen in der gleichen Pfanne etwa 4–5 Minuten rösten. Beiseite stellen, 2 EL Kichererbsen extra aufheben. Koriander und Kümmel in der Pfanne bräunen, dann abkühlen lassen. Außer Paprika und den restlichen Kichererbsen alle Zutaten für Dukkah vermischen und in einer elektrischen Gewürzmühle mahlen oder einem Mörser zerstoßen. Paprika und übrige Kichererbsen untermischen und mit Fladenbrot und einem kleinen Schälchen Olivenöl servieren. Fladenbrot in Stücke reißen und erst ins Öl stippen und dann in Dukkah.

* In Reformhäusern erhältlich oder in speziellen Orientläden.

kibbeh

Lamm- und Bulgurklöpschen

500 g Lammtatar (Keule oder Schulter)
175 g Bulgur (fein oder mittel)
1 Zwiebel in dünnen Scheiben
½ TL grobes Meersalz
½ TL zerstoßene Pfefferkörner
½ TL Piment, gemahlen
½ TL Zimtpulver
½ TL gemahlener Kreuzkümmel
6 EL fein gehackte Petersilie
Olivenöl zum Braten

Ergibt 20 Stück bzw. 4 Portionen

Als ich das erste Mal Kibbeh probierte (einigermaßen zögerlich), waren sie roh – eine Mischung aus gehacktem rohen Fleisch, Bulgur, Kräutern und Gewürzen. Beim nächstenmal gab es sie gebraten und heiß, und beides schmeckte ausgezeichnet. Man muß nur gutes, mageres Lammfleisch nehmen. Es muß sorgfältig von Sehnen befreit sein und zwei- oder sogar dreimal durch den Fleischwolf getrieben werden. In der Türkei bekommt man dieses Gericht auf krossen, langen Salatblättern angerichtet, im Libanon und in Syrien wird es oft mit einem Joghurtdressing, Salat und warmem Fladenbrot serviert.

Das Lammtatar in einer Schüssel zugedeckt kühl stellen.
Der Bulgur wird in einer Schüssel mit 550 ml siedendem Wasser übergossen und umgerührt. Dann läßt man ihn 30 Minuten in Ruhe quellen und aufweichen. Mit kaltem Wasser abspülen und im Sieb abtropfen lassen.
Bulgur und Zwiebel gründlich mit dem Fleisch vermischen, Gewürze und Petersilie hinzufügen. Gründlich durchkneten, am besten mit eingeölten Händen. 20 längliche, flache Klöpschen formen.
Wenn Sie Kibbeh roh essen wollen, setzen Sie das Fleisch zum Servieren in längliche Salatblätter. Wenn nicht, das Fleisch wie eine Wurst um das untere Ende von hölzernen Spießchen drücken. In einer tiefen Pfanne reichlich Öl erhitzen und die Kibbeh, etwa 5 gleichzeitig, so hineinlegen, daß die Spießenden auf dem Rand liegen. Etwa 2 Minuten fritieren.

Tip: Auf dem Holzkohlengrill oder Barbecue gelingen die Kibbeh nicht so gut.

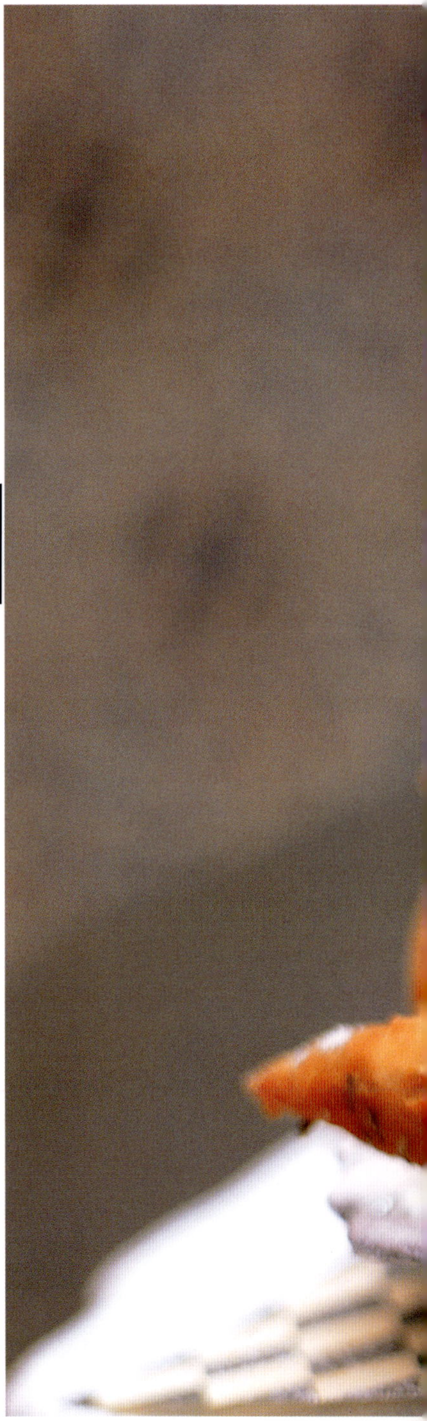

25 g gesalzene Butter,
gekühlt und gewürfelt
125 g Mehl
1 Prise Salz
2 EL Puderzucker
2 TL Kümmelsamen
1 TL feingeriebene Orangenschale
1 geschlagenes Ei
Erdnußöl zum Fritieren

Ergibt 20 Küchlein bzw. 4 Portionen

Aus Nigeria stammen diese knusprigen Küchlein, die überall an der Straße, an Bus- und Bahnstationen verkauft werden. Sie gehören zu den Dingen, nach denen sich ein Afrikaner sehnt, wenn er irgendwo anders auf der Welt lebt.

chin chin

Krosse Kümmelschleifen

Butter, Mehl und Salz zu Streuseln verarbeiten, dann Zucker, Kümmel und Orangenschale hinzufügen.
Mit dem Ei zu einer steifen Paste verarbeiten.
Mit den Händen den Teig 2 Minuten durchkneten und zu einer Kugel formen. Etwa 3 mm dick ausrollen und 2½ cm breite und 15 cm lange Streifen ausschneiden, mit spitz zulaufenden Enden. An einem Ende einen Schlitz einschneiden und das andere Ende hindurchziehen, so daß man eine halbe Schleife erhält.
In heißem Öl etwa 1–2 Minuten von beiden Seiten goldbraun backen, abtropfen lassen, vielleicht noch mit Puderzucker bestäuben und heiß essen.

indien

Indien ist schön, riesengroß und widersprüchlich. Die vielen Religionen, Rassen, Stämme und Kasten spiegeln sich wider in einer reichen, von Gastlichkeit geprägten Eßkultur und in einer unendlichen Vielfalt an Gerichten, die auf den Straßen angeboten werden. In Buden und Straßenläden gibt es Getränke, frisches Obst, gewürztes rohes Gemüse und warme Gerichte ohne Ende, vom Morgen bis in die Nacht.

Indien ist ein Land voller Überraschungen und Widersprüche.

Eleganz und Vergeistigung sind gleichsam zwei Elemente des Nationalcharakters und der Reichtum der Straßenküche ein Fest menschlichen Einfallsreichtums.

Das Land ist ein Gemisch von Sprachen, Dialekten, Religionen, Kasten und Traditionen. Religiöses Brauchtum hängt eng mit der Entwicklung der Eßgewohnheiten zusammen, dabei spielen die alten Gesundheitsvorschriften des Ayurveda (Lehrbücher der altindischen Medizin) eine große Rolle, zumindest bei den 85 Prozent der Bevölkerung, die Hindus sind. Die vegetarischen Regeln scheinen dabei eher anregend als einschränkend zu wirken. Als Vegetarier ißt man in Indien ungewöhnlich gut.

Essen von der Straße spielt für alle Inder eine äußerst wichtige Rolle. Selbst der wohlhabende Unternehmer läßt sich das Essen von der Straße kommen. Die Dabbahs (Teeläden) bieten eine reiche Auswahl an Naan und anderen Fladenbroten zu Snacks und gekühlten Getränken wie Zitronensoda oder unterschiedlichen Teesorten wie den süßen, milchigen Chai oder den feinen kardamomgewürzten grünen Tee des Nordwestens. Es gibt Samosas zu kaufen (dreieckige Teigpasteten mit einer würzigen Kartoffelfüllung), fritierte Bhajia aus Zwiebeln und Kartoffeln, Gemüse in Kokosnußsauce und einen knusprigen, würzigen Bombay-Mix, der *Sev* und *Bhel Puri* heißt – alles wunderbare Leckereien vom üppigen Buffet der Straße.

In den Küstengegenden von Goa und Kerala macht es besonders an Feiertagen Spaß, auf der Straße zu essen, inmitten einer bunten, wogenden Menge fröhlicher Menschen. In der Tempelgegend Tamil Nadu ist das Essen würziger, schärfer; es wird oft mit in Öl gerösteten Gewürzen bestreut und auf einem Bananenblatt serviert. Sehr beliebt sind Erdnußsalat, Idlis (kleine schmackhafte Dampfküchlein) und Appams (Reiskuchen).

Westbengalen und seine Hauptstadt Kalkutta sind voll vitaler Kultur und befinden sich in andauernder intellektueller und politischer Auseinandersetzung. Teestubenbesitzer lösen wie in Paris am Tresen die Probleme der Welt, unterstützt von unendlichen Mengen von Kuchen und Gebäck, die so wohlklingende Namen haben wie Jalebi, Sandesh, Rasgullah und Payesh.

Überall im Land, aber besonders im Norden, gibt es Lehmöfen, auf denen bei großer Hitze Fleisch- oder Fischspießchen gebraten werden. Dazu gibt es köstliche Fladenbrote wie Naan, Paratha und Bhatura – ein Gaumenschmaus für jeden, der des Weges kommt.

Kurz und gut, Indien ist ein Wunderland der Küche, und Essen und Trinken gehören zu den besten Möglichkeiten, dieses erstaunliche und vielschichtige Land kennenzulernen.

Links: Pappadams, knusprig fritierte Fladen, sind ein beliebter Snack in ganz Indien
Oben von links nach rechts: Sev und Bhel Puri, auch bekannt als Bombay-Mix, sind köstlich zum Knabbern. Dosai sind zarte, krosse Pfannkuchen aus Reis und Linsen, rasch gebraten auf einer großen schmiedeeisernen Pfanne, Tawa, die wie ein flacher, umgedrehter Wok aussieht. Oft werden sie mit gewürzten Kartoffeln gefüllt, oder man serviert ein Dip dazu
Mitte von links nach rechts: Jalebi, eine süße, klebrige, fritierte Köstlichkeit und sehr beliebt bei indischen Süßschnäbeln. Trinkgefäße in Teestuben waren früher aus Ton und wurden aus Gründen der Reinheit und Hygiene nach einmaligem Gebrauch zerbrochen: Heute sind Metallbecher üblich, nicht nur in Indien, sondern auch in diesem Teehaus in Nepal. Bier wird in Indien oft nach Tieren benannt: Eisvogel, Kobra, Goldadler, um nur drei zu nennen – und ist stets leicht, spritzig und sehr gut zu scharfem Essen in tropischem Klima
Rechts: Streetfood wird in Indien meist von Männern zubereitet und verkauft, aber hier ist es eine Frau in Gujerat, die den Reis vor dem Kochen verliest und Steinchen und Zweige entfernt

Ich hatte keine Vorstellung von Samosas, bis sie mir bei einem Freund aus Goa, der früheren portugiesischen Kolonie an der Westküste Indiens, vorgesetzt wurden. Seine Mutter verwendet frischen Koriander und Kardamom in der Kartoffelfüllung, was ausgezeichnet schmeckt. Bei uns wird der Teig einfach mit Weizenmehl zubereitet, aber man kann auch Kichererbsenmehl benutzen. Auf alle Fälle möchte jeder, der diese Köstlichkeit probiert, sehr schnell nach Goa reisen!

samosas

Würzige Kartoffeltüten

Teig

350 g Mehl

1½ TL Salz

6 EL Ghee* oder geklärte Butter

135 ml heißes Wasser

Erdnußöl zum Fritieren

süße Chilisauce

Würzige Kartoffelfüllung

4 EL Ghee oder Öl

½ TL Kreuzkümmelsamen, zerdrückt

schwarze Samen aus 6 zerdrückten grünen Kardamomhülsen

500 g Kartoffeln, in Würfel von 1 ccm geschnitten

4 Knoblauchzehen, gehackt

½ TL gemahlener Turmerik (Gelbwurz)

1 TL Salz

125 g frische grüne Erbsen, gepalt

75 ml Wasser

6 EL gehackter frischer Koriander

Ergibt 16 Stück bzw. 8 Portionen

* Ghee ist geklärte Butter aus Büffelmilch und das beliebteste Kochfett in Indien. Es ist in Dosen in Indienläden erhältlich.

Für die Füllung Ghee oder Öl in einer Pfanne erhitzen und die Kreuzkümmel- und Kardamomsamen darin schwenken, bis sie zu duften anfangen (nicht anbrennen lassen!). Kartoffeln und Knoblauch hinzufügen und einige Minuten braten, gelegentlich wenden. Turmerik, Salz, Erbsen und Wasser dazu, umrühren und zugedeckt 10 Minuten köcheln lassen, bis die Kartoffeln gar, aber noch fest sind und die Flüssigkeit verkocht ist. Koriander unterrühren und abkühlen lassen.

Für den Teig Mehl und Salz in eine Schüssel sieben und das Ghee bzw. die Butter einrühren. Langsam das heiße Wasser zufügen und alles zu einem glatten Teig verarbeiten. 25 Minuten kühl stellen. Den Teig in 8 Teile teilen und jeweils zu einer 18 cm großen, runden Platte ausrollen. Die Kreise halbieren und aus jeder Hälfte eine Tüte formen, die überlappenden Enden anfeuchten und fest zusammendrücken. In jede Tüte 1 EL Füllung geben, die oberen Ränder anfeuchten und ganz fest zusammenpressen, dabei zu einem kleinen Rand umbiegen. Kühl stellen, bis alle Tüten gefüllt und geschlossen sind.

Je 4 Samosas gleichzeitig in reichlich heißem Öl in einer tiefen Pfanne oder Friteuse 3–4 Minuten goldbraun ausbacken, nach der halben Backzeit wenden. Abtropfen lassen und mit süßer Chilisauce servieren.

In Bombay, das man jetzt mit seinem ursprünglichen Namen *Mumbai* nennt, habe ich Sev und Bhel puri zum erstenmal in der Sea Lounge des eleganten Taj Mahal Hotels gegessen und dann am Strand von Chowpatty Beach, der von vielköpfigen Familien und Händlern bevölkert wird, die alles zum Kauf anboten, was man sich nur denken mag. Zwischendurch spazierte ich über den Colaba Markt, einen geschäftigen, chaotischen Bazar, und probierte richtige Bhaija aus Zwiebeln und Kartoffeln, trank kümmelgewürzten Lassi und kaufte Tüten aus Zeitungspapier, die gefüllt waren mit einer Knuspermischung aus gerösteten Körnern und Kräutern, die an jeder Straßenecke von einem Bhelwallah verkauft werden. Glückliche Erinnerungen! Eigentlich braucht man für dieses Gericht ein Sev-Gerät, aber probieren Sie es mal auf meine Art.

sev und bhel puri

Knuspernudeln und Reis mit Salat

Für den Sev das Kichererbsenmehl, Asafoetida, Turmerik, Pfeffer und Salz in einer Schüssel mischen. Öl und etwas Wasser mit dem Schneebesen verschlagen, dann in die trockenen Zutaten tröpfeln und zu einem weichen klebrigen Teig verrühren bzw. kneten. In 3 Portionen teilen, abdecken und 20 Minuten kühl stellen.

In einem Wok oder einer tiefen Pfanne reichlich Erdnußöl erhitzen. Mit Hilfe eines Sev-Geräts oder einer Nudelpresse oder eines Spätzlebretts aus der ersten Portion dünne, kurze Nudeln machen. Ins heiße Öl werfen, darauf achten, daß sie dabei nicht klumpen, sondern einzeln fallen. Sie werden etwa 30 Sekunden fritiert, mit dem Schöpflöffel aus dem Öl genommen und dann zum Abtropfen auf Küchenkrepp gelegt.

Aus der zweiten Teigportion rollt man erbsengroße Kügelchen, die etwa 3 Minuten fritiert werden. Auch aus dem restlichen Teig formt man kleine Kugeln, die zu dünnen Scheiben flach gedrückt werden (Durchmesser ca. 5 cm). Mit einer Gabel einstechen, 3 Minuten fritieren, abtropfen lassen.

Für den Bhel puri vermischt man alle Salatzutaten außer dem Reis. Der wird in einer sehr heißen Pfanne unter ständigem Rütteln geröstet, bis er knusprig und braun ist. Nach dem Abkühlen mit dem übrigen Sev anrichten. Sev und Bhel Puri erst beim Essen mischen, da sonst der Sev weich wird. Gut zu diesem Gericht schmecken alle möglichen Sorten von Chutneys.

* Asafoetida heißt auf deutsch „Teufelsdreck" wegen seines beißenden Geruchs, also am besten in einem gut schließenden Schraubglas aufheben. Man erhält das Pulver in indischen Läden oder Asienmärkten.

500 g Kichererbsenmehl

½ TL Asafoetidapulver*

½ TL gemahlener Turmerik (Gelbwurz)

2 TL Cayennepfeffer

2 ½ TL Salz

125 ml Erdnußöl sowie Öl zum Braten

Wasser

Bhel puri

6 frische grüne und rote Peperonis, in feinen Streifen

15 g frischer Koriander, gehackt

2 Frühlingszwiebeln, dünn geschnitten

1 kleine rote Zwiebel, halbiert und geschnitten

1 TL Würzsalz

2 EL Limonen- oder Zitronensaft

50 g Reis

Ergibt 8 Portionen

Inder lieben Idlis, besonders in der vegetarischen Küche des Südens. Man ißt sie zum Frühstück oder zwischendurch vom Straßenkiosk. Eigentlich sind sie aus fermentiertem Reis und daher für Leute im Westen nicht einfach zuzubereiten. Unsere Variante sieht Grieß vor, ist sehr leicht zu machen und schmeckt köstlich mit Kokosnußsauce und würzigem Chutney. Idlis sehen wie kleine weiße fliegende Untertassen aus und werden auf der Straße oft in großen schrankähnlichen Dampfapparaten gemacht, aus denen in großen Schwaden der Dampf quillt, wenn die Türen geöffnet werden. Wir schlagen statt dessen kleine hitzebeständige Förmchen vor oder Muffinbleche.

idlis

Dampfküchlein mit Chutney und Joghurt-Lassi

220 g Grieß
1 TL Salz
¼ TL Natron
½ TL Backpulver
250 ml Naturjoghurt
1 TL schwarze Senfkörner
2 EL Kokossahne (Dose)
Pflanzenöl zum Einfetten
4–6 EL Wasser

Kokosnuß-Chutney

185 g frische Kokosnuß, geschält und in Stücke geschnitten
1 grüne Chili, gehackt
3 Knoblauchzwiebeln, gehackt
2,5 cm frische Ingwerwurzel, geschnitten
½ TL Salz
Samenkörner von 12 Kardamomhülsen
250 ml dicke Kokosmilch (Dose)
1 TL Maiskeimöl
2 EL gelbe halbe Kichererbsen (channa dhaal)*
¼ TL schwarze Linsen (urid dhaal)*
¼ TL schwarze Senfkörner
¼ getrocknete Chili, zerdrückt
4 frische Curryblätter
1 Prise Asafoetidapulver (Teufelsdreck)

Ergibt 20 Stück bzw. 4 Portionen

*Gibt es in indischen Läden oder Asienmärkten.

Für den Kokosnuß-Chutney die Kokonußstücke zusammen mit dem Chili, Knoblauch, Ingwer, Salz und Kardamom im Mixer pürieren.
Das Öl in einer Pfanne erhitzen und die beiden Dhaals, Senfkörner, Chili, Curryblätter und Asafoetida unter ständigem Rühren braten, bis die Körner zu springen beginnen und das Gemisch zu duften anfängt. Vor dem Servieren in die Kokosmischung rühren.
Für die Idlis Grieß, Salz, Natron und Backpulver mit dem Joghurt in einer Schüssel gründlich verschlagen. 30 Minuten ruhenlassen, dann Senfkörner, Kokossahne (von oben aus der nicht umgerührten Dose abschöpfen) und 4–6 EL Wasser unterrühren.
Vom Teig je 1½ EL in 20 geölte Förmchen geben und 10 Minuten im Wasserdampf garen – nicht länger, sonst verkochen die Idlis und verlieren Farbe und Aroma.
Warm oder abgekühlt mit dem Chutney und einem süßen oder pikanten Joghurt-Lassi servieren.

Indischer Lassi

Ein Teil Joghurt, ein Teil Milch, zwei Teile Eis und 1 TL Zucker oder ½ TL Salz verrühren und nach Belieben entweder mit gemahlenem Kümmel oder Fruchtmus oder frisch gehackter Minze abschmecken und in hohen Gläsern servieren.

tandoori murgh

Hühnchen Tandoori

1,25 kg enthäutete Hühnerbeine
mit vier schrägen Einschnitten
2 TL milder Paprika
2 TL grobes Meersalz
375 ml griechischer Naturjoghurt
2 TL scharfes rotes Chilipulver
5 cm Ingwerwurzel, gerieben
2 zerdrückte Knoblauchzehen
Samen von 12 grünen Kardamomhülsen
1 große Prise Safran
1 TL Kreuzkümmel, zerdrückt
2,5 cm Zimtstange, zerbröselt
½ TL gestoßene Nelken
2 EL Essig oder Limonensaft
50 g Ghee oder geklärte, zerlassene Butter
1 Zitrone in Spalten oder
6 Minzezweiglein

Ergibt 6 Portionen

Dieses in ganz Indien beliebte Gericht kommt ursprünglich aus der früheren nordwestlichen Grenzprovinz, dem heutigen Pakistan, hat sich über Nordindien verbreitet und ist heute in Indienrestaurants auf der ganzen Welt zu Hause. Es gibt unzählige vorzügliche Hühnergerichte, die auf den Straßen des Subkontinents angeboten werden, aber dieses ist eines der besten. Natürlich hat bei uns kaum einer einen Tandoor-Ofen, deshalb hier eine schnell zu machende Alternative. Farbe ist wichtig in der indischen Küche, besonders bevorzugt sind Gelb und Rot. Nehmen Sie ein leuchtend rotes Chilipulver – Kashmir-Chili ist ideal –, aber vermeiden Sie Lebensmittelfarben oder die sogenannten Tandoori-Gewürzmischungen mit rotem Pigment. Servieren Sie das Hühnchen mit frischer Minze, eingelegten Limonen oder würzigem Chutney, Pilaw-Reis oder mild duftendem Brot.

Die gewaschenen Hühnerbeine gut abtrocknen und mit Paprika und Salz einreiben. Joghurt mit Chili, Ingwer und Knoblauch mischen. Kardamom, Safran, Kümmel, Zimt und Nelken in der Gewürzmühle zu Pulver mahlen und in die Joghurtmarinade rühren.
Das Fleisch so in die Marinade tauchen, daß es vollständig bedeckt ist, dann ½ Stunde oder über Nacht kühl stellen. Ofen mit Bratblech auf 200° (Gas Stufe 6) vorheizen, das Blech mit Butter oder Ghee einfetten, das restliche Fett mit Essig oder Limonensaft mischen und die Hähnchenbeine damit beträufeln.
Blech in eine der oberen Einschubleisten schieben und das Fleisch etwa 30–40 Minuten garen, je nach Größe der Schlegel. Bei der Garprobe sollte der austretende Saft durchsichtig sein.

kabob jhinga

Gegrillte Garnelen

In Goa, dem wunderschönen Land an der Westküste Indiens, ist dieses Gericht ein ganz volkstümliches Essen, das man in Strandbuden und kleinen Straßenrestaurants bekommt. Die Größe der Garnelen in Goa ist besonders eindrucksvoll, aber man kann jede andere Sorte größerer Krabben nehmen, ja sogar kleine Langusten oder Flußkrebse. Das Gewürzsalz (Garam Masala) ist von Koch zu Koch, von Gegend zu Gegend verschieden, aber meistens schließt es schwarzen Pfeffer, schwarzen Kümmel, Zimt, Nelken, Muskatblüte, Kardamom und Lorbeerblatt ein, und im Idealfall rote Chilis aus Kaschmir, die eine intensive rote Farbe und Schärfe geben (mein Vorschlag siehe unten). Am wirkungsvollsten sind die Gewürze natürlich, wenn man sie frisch gemahlen verwendet.

1 kg große frische Garnelen, ungeschält

2 EL milder oder scharfer Paprika
1 TL zerdrückte getrocknete Chili aus Kaschmir
4 EL Gewürzsalz (Garam Masala)*
2 Teelöffel gemahlener Turmerik (Gelbwurz)
1 TL Koriandersamen, gestoßen
1 EL grobes Meersalz
5 cm Ingwerwurzel, gerieben
4 Knoblauchzehen, zerdrückt
125 g Ghee oder zerlassene geklärte Butter
2 Limonen

Ergibt 4 Portionen

8 Fleischspießchen aus Holz oder Bambus etwa ½ Stunde einweichen.
Die Garnelen an der gekrümmten Seite einschlitzen, schwarze Fasern entfernen. Mit Küchenpapier trockentupfen. Paprika, Chilis, Würzsalz, Turmerik, Koriander und Salz mit dem Mörser zerstoßen. Ingwer und Knoblauch zufügen und zu einer groben, pulverigen Paste verarbeiten. Ghee oder Butter und Saft einer Limone zufügen. Gut verrühren und die Garnelen mit der Mischung bestreichen, auch unter den Schalen, damit die Gewürze ins Fleisch eindringen können.
Jeweils 2 Garnelen auf einen Spieß stecken, dann bei gelinder Hitze auf dem Grill braten: Das Fleisch muß weiß und fest sein, die Schalen rosa. Mit Limonenschnitzen servieren.

* Mein Garam Masala besteht aus jeweils 2 EL gestoßenem Zimt, Kümmel, Koriander. Alles in eine kleine Pfanne geben und mit jeweils 1 EL Samen von grünem Kardamom, Pfeffer, Nelken und Muskatblüte bei milder Hitze mehr trocknen als rösten, abkühlen lassen und in der Gewürzmühle mahlen. Was nicht sofort verbraucht wird, in einem gut verschlossenen Schraubglas aufbewahren.

Kulfi ist eine gehaltvolle Eiscreme, die aus eingekochter, reduzierter und gesüßter Milch gemacht wird. Die Alphonso Mangos aus Indien sind besonders aromatisch und delikat. Frisch gibt es sie bei uns im April und Mai. Man kann an Stelle von frischen Mangos auch Dosenfrüchte nehmen, die allerdings weniger aromatisch sind. Orangenblütenwasser und Kardamom sind das I-Tüpfelchen für diese Eiscreme. Das Rezept ist leicht, aber sehr zeitaufwendig. Wenn Sie in Eile sind, nehmen Sie 750 ml H-Milch und 4 EL Vollmilchpulver – das Ergebnis wird Sie begeistern.

mango kulfi

Indisches Mango-Eis

Die Milch in einem großen schweren Topf unter häufigem Umrühren zum Kochen bringen und bei milder Hitze etwa 3–4 Stunden köcheln lassen, bis die Milch auf etwa 750 ml eingekocht und dickflüssig geworden ist.
Den Zucker einrühren, dann den Topf zum Abkühlen in Eiswasser stellen. Mangofleisch, Orangenbütenwasser und Kardamom einrühren. Portionsweise im Mixer glattpürieren. In Förmchen füllen und 4 bis 5 Stunden einfrosten. Vor dem Stürzen die Förmchen entweder 20 Minuten in den Kühlschrank stellen oder kurz in heißes Wasser tauchen.
In Indien serviert man die Kulfi, indem man sie oben kreuzweise einschneidet, damit sie gleichmäßig auftauen. Man bestreut sie mit gehackten Pistazien und Mandeln.

2 ¼ Liter Milch
180 g Puderzucker
800 gewürfeltes frisches Mangofleisch (etwa 6–8 Mangos)
1 TL Orangenblütenwasser
Samen von 20 grünen Kardamomhülsen
feingehackte Pistazien und Mandeln

Ergibt 1½ Liter bzw. 8 Portionen

südost-asien

Streetfood in Südostasien – in Thailand, Vietnam, Malaysia, Indonesien, auf den Philippinen, in Singapur, Burma, Laos und Kambodscha – gehört zum besten, was sich überhaupt finden läßt. Dazu gehören Nudeln, Satés und Gerichte, die mit Chili, Limonen, Kokosnuß, Zitronengras und Sojasauce gewürzt sind.

Oben von links nach rechts: **Zitronengras. Der Schwimmende Markt in Bangkok**
Mitte von links nach rechts: **Einkaufskorb mit blühendem chinesischen Schnittlauch in Singapur. Vietnamesinnen in der alten Kaiserstadt Hue transportieren Körbe und Töpfe mit Essen auf Fahrradrikschas zum Markt. Kokosnüsse in Bali – Kokosnußmilch gibt vielen Gerichten dieser Region ihr Aroma**
Rechts: **Straßenhändlerin am Strand von Hoi-an in Vietnam auf ihrem Weg zur Arbeit**

In allen Ländern Südostasiens findet das wahre Eßvergnügen auf der Straße statt.

So improvisiert und spontan zu essen hat etwas sorglos Fröhliches und läßt uns an unbeschwerte Ferien und Feiertage denken – an eine vergnügliche unbeschwerte Lebensweise, die uns in westlicheren Gefilden oft verlorengegangen zu sein scheint.

In diesem Teil der Welt geht man mit den Speisen von der Straße ohne Vorurteil um. Man genießt den Imbiß, den man an einer Straßenecke, an einem Kanal, auf dem Jahrmarkt, in Parks oder auf Parkplätzen zu sich nimmt. Es ist eine alltägliche Sache, ohne jedoch selbstverständlich zu sein. Und man ist mit Leidenschaft auf der Suche nach dem pikantesten Gürkchen, der aromatischsten Mango, dem süßesten Eierkuchen, dem weichsten Kloß, dem besten Bohnenbrei, dem üppigsten Saté, den knackigsten Nudeln, dem frischsten Brotfladen.

Es ist geradezu unmöglich, die gesamte Palette von südostasiatischem Streetfood beschreiben zu wollen – diesem riesigen, aufregenden Gebiet voller Gegensätze und Unterschiede, wo das Essen im Freien zu einer wahren Kunst entwickelt wurde.

Dennoch, für Leute wie Sie und ich, die einige der bekannteren traditionellen Gerichte nachkochen möchten, lohnt selbst ein bescheidener Versuch.

Südostasien umfaßt Malaysia, Indonesien, Singapur, Thailand, Burma, Laos, Kambodscha, Vietnam und die Philippinen. In diesen Ländern leben eine große Anzahl von Völkern verschiedener Rassen, Religionen, Kulturen, Traditionen und natürlich Küchen.

Auch wenn diese Völker sich gegenseitig beeinflußt haben und wiederum auch vom Westen beeinflußt wurden, und trotz der landwirtschaftlichen und technischen Fortschritte, kann man die Unterschiede der Speisen und ihre ganz besonderen Eigenheiten doch sehen und schmecken. Die alltägliche Küche jedes Landes ist für uns deshalb von so besonderem Reiz, weil nirgends so deutlich wie in der Straßenküche die Vergangenheit aufscheint, die in der Hektik und den Zwängen des Großstadtlebens kaum mehr wahrnehmbar ist.

Wenn man aus dem klimatisierten Flugzeug, dem Schiff, dem Bus oder dem Zug steigt und in das Kaleidoskop greller, lebhafter, lauter, schwerer, duftender, sich übereinanderschiebender Eindrücke gerät, ist man beinahe schockiert von der Süße des Angriffs. Intensives Kosten, starke gegensätzliche Gerüche, gewagte Kombinationen und unerklärliche Geräusche beim Zubereiten des Essens – eine Welt von Schärfe, Süße, Bitternis und Wohlgeschmack. Unter Tempelbaldachinen, seidenen Markisen, Leinwandzelten, Sonnenschirmen, weiten Baumkronen, neonbeleuchteten Veranden und geschützten Terrassen werden die Waren feilgeboten. Viele Gerichte sind fertig, es gibt Früchte und Gemüse. Da die Speisen meistens ungekühlt zubereitet und aufbewahrt werden, müssen sie möglichst schnell zum Käufer. Kochen bei großer Hitze und scharfe Gewürze helfen, die Speisen haltbar zu machen und ihren Geschmack zu bewahren. Frisch zubereitete Gerichte sind sicherer und obendrein natürlich viel delikater. Da ist für uns unendlich viel zu lernen. Die Rezepte in diesem Buch bieten nur eine Auswahl meiner Lieblingsspeisen.

Auf den Straßen Vietnams sieht man an jeder Ecke jemanden dampfende Nudelsuppe aus kleinen Schüsselchen schlürfen. Alle Zutaten stehen bereit: Neben den großen Kesseln mit heißer Brühe liegen glänzende, weiße Reisnudeln gestapelt und Berge von frischen grünen Kräutern. In den Woks schmurgelt das Fleisch. Die Brühe wird aus Rinderknochen, Ingwer, Salz und Knoblauch gekocht. Wenn sie ausgelaugt sind, werden sie aus der Brühe gefischt, es kommen Gewürze wie Sternanis, Kassia, Fischsauce und geröstete Zwiebeln dazu, zusammen mit einem großen Stück Rindfleisch, das in der Brühe gegart wird. Wenn Ihnen diese Methode zu mühsam ist, nehmen Sie eine gute Fertigbouillon und geben Sie die Gewürze dazu. Kräuter, Sojabohnensprossen und Saucen nimmt sich dann jeder Gast selbst nach eigenem Geschmack – asiatisches Basilikum mit seinem purpurnen Stengel und dem Anisduft eignet sich am besten für dieses Gericht.

pho bo

Vietnamesische Nudelsuppe

50 g getrocknete Reisnudeln

500 g frische breite Reisnudeln*

375 g Rumpsteak, in feine Streifen geschnitten

4 Frühlingszwiebeln, dünn geschnitten

4 EL gehackten frischen Koriander

4 kleine rote Zwiebeln, dünn geschnitten

3 Liter Rinderbrühe

Zum Servieren

4 Zitronenspalten

1 Sträußchen asiatisches Basilikum oder frische Minze

1 Sträußchen Koriander

125 g Sojabohnensprossen

Hoisin-Sauce**

Chilisauce

Ergibt 4 Portionen

Die getrockneten Reisnudeln in heißem Wasser etwa 15 Minuten einweichen. Abgießen, abspülen, wieder abgießen. Die frischen Reisnudeln werden ganz kurz in kochendes Wasser getaucht, nur etwa 35–45 Sekunden: Sie dürfen nicht verkochen, nur gerade heiß geworden sein.
Alle Nudeln auf 4 tiefen Suppentellern verteilen. Fleischstreifen, Koriander und Zwiebeln zufügen. Mit kochender Brühe aufgießen und mit chinesischen Suppenlöffeln, Eßstäbchen und den in kleinen Schälchen angerichteten Beilagen servieren.

* Wenn Sie keine frischen Reisnudeln finden können, nehmen Sie entsprechend mehr getrocknete Nudeln, d. h. etwa insgesamt 300 g, und verfahren wie im Rezept angegeben.

** Hoisin-Sauce besteht aus Sojabohnen, Knoblauch und Chili. Findet man in Asienläden.

loempia na carne

Philippinische Frühlingsrollen

2 EL Erdnußöl
250 g Schweinefilet, in dünne Streifen geschnitten
1 kleine Zwiebel, feingeschnitten
4 Knoblauchzehen, dünngeschnitten
2,5 cm frische Ingwerwurzel, gerieben
2 kleine, scharfe rote Chilis, gehackt
2 Mohrrüben, gerieben
Achtel eines kleinen Kohlkopfs, in feine Streifen geschnitten
1 TL gemahlener Turmerik
12 Lumpiablätter
4 TL Mehl, gemischt mit 4 TL Wasser, zum Zukleben der Frühlingsrollen
Erdnußöl zum Braten

Chili-Dip

125 ml Reisessig
2 Knoblauchzehen, gehackt
1 scharfe Chilischote, rot oder grün, in Scheiben
Salz und frisch gemahlener schwarzer Pfeffer

Ergibt 12 Stück bzw. 6 Portionen

Öl in einer Bratpfanne erhitzen und Schweinefleisch, Zwiebeln, Knoblauch, Ingwer und Chilis braten, bis das Fleisch nicht mehr rosa ist. Mohrrüben, Kohl und Turmerik zugeben. Zugedeckt 2–3 Minuten schmoren lassen. Vom Herd nehmen, abkühlen lassen und in 12 Portionen teilen.
Die Lumpiablätter nebeneinander legen, Füllung auf eine Spitze setzen, die Seiten einschlagen und nach oben aufrollen. Die Enden mit ein wenig „Mehlkleister" zukleben.
In reichlich heißem Öl im Wok oder einer tiefen Pfanne jeweils 4 Frühlingsrollen goldbraun und knusprig fritieren, das dauert etwa 3–4 Minuten.
Auf Küchenkrepp abtropfen lassen.
Die Zutaten für den Chili-Dip mischen und getrennt zu den Frühlingsrollen reichen.

Speisen einzuwickeln hat eine uralte Tradition und ist in der ganzen Welt üblich und beliebt. Auch die köstlichen Loempia oder Lumpia, die philippinische Version der allgegenwärtigen asiatischen Frühlingsrollen, sind Teil dieser Tradition. In Manila liegen auf den Märkten kunstvoll aufgebaut exotische Früchte und Gemüse, vielerlei Kräuter und Gewürze und dazwischen auf Bananenblättern angerichtet Stapel von Lumpia und Schüsseln mit Sojasauce oder anderen Dips. Quadratische oder runde Lumpia-Blätter gibt es bei uns, meist vakuumverpackt, in Asienmärkten oder Dritte-Welt-Läden. Sie kleben leicht aneinander und müssen vorsichtig getrennt werden.

Auf kleinen Spießchen gebratene Satays gehören zum Beliebtesten, was es an Streetfood in Südostasien gibt. An jeder dritten Straßenecke sieht und riecht man die delikat gewürzten Köstlichkeiten. Alles, was Sie dazu brauchen, bekommen Sie in einem chinesischen Feinkostladen. Wenn es Blachan aber nicht gibt, nehmen Sie Fischsauce oder Anchovispaste, statt Tamarinde nehmen Sie Zitronensaft und statt Zitronengras Zitronenschale. Wenn Sie keine Zeit haben, die Würzpaste zu machen, benutzen Sie grüne thailändische Currypaste, die Sie mit etwas Öl und Limonensaft verdünnen.

chicken satays

Hähnchen-Satays

500 g Hähnchenbrust ohne Haut

2 EL Erdnußöl

2 EL weißer Malzessig*

Würzpaste

3 gehackte Knoblauchzehen

4 gehackte Schalotten

1 EL Koriandersamen, zerdrückt

2 EL Kümmel, zerdrückt

½ Halm Zitronengras, feingehackt

1 TL gemahlener Turmerik

2 frische rote Chilis, feingehackt

Satay-Sauce

1 TL Blachan (Krabbenpaste), 1 Minute auf Alufolie geröstet (oder Fischsauce)

1 TL Tamarindenpaste (aus der Dose)

25 g Makadamia-, Cashew- oder Erdnüsse, gehackt

1 EL Palmzucker oder grober Rohrzucker

½ Halm Zitronengras, feingeschnitten

4 Schalotten, gehackt

2 frische rote Chilis, gehackt

125 ml Kokosmilch (aus der Dose)

Ergibt 8 Stück bzw. 4 Portionen

Das Brustfleisch in 2 cm große Würfel oder schmale, lange Streifen schneiden. Die Zutaten für die Würzpaste in einer Gewürzmühle mahlen und in heißem Öl anbraten. Nach dem Abkühlen Essig zufügen, alles über das Hähnchenfleisch gießen und wenigstens ½ Stunde marinieren lassen. In der Zwischenzeit 8 Satéspießchen einweichen.

Alle Zutaten für die Satay-Sauce bis auf die Kokosmilch werden im Mixer püriert. Die Kokosmilch wird fast bis zum Siedepunkt erhitzt und dann mit den übrigen Zutaten vermischt.

Die Fleischwürfel auf die Spieße schieben, die Fleischstreifen wellenförmig auffädeln. Auf dem gut vorgeheizten Holzkohlengrill oder unter dem Grill im Ofen etwa 3 Minuten von jeder Seite braten. Mit der Satey-Sauce servieren.

* Malzessig ist alltäglich in England, bei uns gibt es ihn nur in sehr gut sortierten Delikateßgeschäften.

otak otak

Fisch im Bananenblatt

Singapur ist die Stadt der Snacks – die Auswahl ist einfach grenzenlos und eine faszinierende Kombination chinesischer und malaysischer Küchentradition. Singapurs berühmte Küchenzauberin Violet Oon hat mir viele verführerische Rezepte beigebracht, u. a. diese Fischklößchen. Anstatt sie in einer Brühe ziehen zu lassen, wie bei uns üblich, wickelt man sie in Bananenblätter und grillt sie über Holzkohle, was ihnen ein köstliches Aroma gibt. Otak Otak ist ein ideales Essen für die Straße; die kleinen grünen Päckchen werden überall auf den Märkten angeboten und entweder pur gegessen oder in eine Sauce gestippt oder mit Zitronensaft beträufelt.

Was zum Trinken dazu angeboten wurde, war auch sehr eindrucksvoll: Kondensmilch mit Rosengeschmack, blaß rosa in zugeschnürten Plastikbeuteln mit einem Strohhalm, oder das beste Getränk in Asien: eine frische grüne Kokosnuß, von der eine Kappe rausgehackt wird und deren kühlen, milden Saft man mit einem Strohhalm genüßlich schlürft.

625 g weißes Fischfilet (z. B. Kabeljau) entgrätet, gehäutet und gehackt

8 Kaffir-Limonenblätter, sehr dünn geschnitten

1 ½ TL Salz

4 EL Puderzucker

20 kleine getrocknete rote Chilischoten

5 cm Ingwerwurzel oder Galangal, geschält und feingehackt

1 EL gemahlener Turmerik

12 Schalotten, dünn geschnitten

1 EL Koriandersamen, in der Pfanne geröstet, dann zerstoßen

1 Stengel Zitronengras, kleingeschnitten

4 Makadamianüsse oder 6 Cashewnüsse, gehackt

1 EL Blachan (Krabbenpaste) oder Fischsauce

1 geschlagenes Ei

350 ml dicke Kokosmilch aus der Dose

4 EL Mais- oder Erdnußöl

900 g frische Bananenblätter, feucht abgewischt, oder Alufolie

Ergibt 4 Portionen

Den Fisch in einer großen Schüssel mit Limonenblättern, Salz und Zucker verrühren und ziehen lassen. Die Chilischoten in heißem Wasser 20 Minuten einweichen lassen bzw. so lange, bis sie weich sind. Abgießen und in einen großen Mörser oder Elektromixer geben. Zusammen mit Ingwer, Turmerik, Schalotten, Koriander, Zitronengras, Nüssen, Blachan (Krabbenpaste) und dem Ei zu Püree verarbeiten.

3 EL Öl im Wok oder in der Pfanne erhitzen und das Püree braten, bis das Aroma sich zu entfalten beginnt. Etwas abkühlen lassen und zum Fisch geben. Kokosmilch zufügen und durchkneten.

Aus den Bananenblättern bzw. der Alufolie 20 Quadrate von 15 cm schneiden und mit Öl bestreichen.

2 EL Fischpaste in länglichen Häufchen (in Faserrichtung) aufsetzen, einwickeln und die Seitenenden mit Zahnstochern befestigen.

Die Päckchen auf dem Barbecue grillen oder im vorgeheizten Backofen bei 220° (Gas Stufe 7) braten. Wenn sie schön duften und sich fest anfühlen, sind sie fertig und sollten sofort und noch eingepackt serviert und gegessen werden.

tod man

Pikante Fischklöpschen aus Thailand

Diese winzigen, würzigen Fischbällchen sind ein typisches Thai-Gericht und in Thailand durchaus alltäglich und ideal zum Essen mit den Händen. Inzwischen hat Tod Man den Siegeszug durch die Welt angetreten und gilt in vielen Restaurants in Europa und Amerika als der letzte Schrei. Nehmen Sie Ihren Lieblingsfisch. Üblich ist weißer Fisch, aber ich ziehe Lachs oder Forelle vor. Versuchen Sie, frische Kaffir-Limonenblätter zu bekommen, die man mit einem ganz scharfen Messer oder einer Schere hauchdünn schneiden muß. Gefrorene Kaffir-Blätter genügen auch, nicht aber getrocknete. Sie erreichen nie den gleichen köstlich frischen Geschmack. Als Ersatz ist dann schon die gehackte oder feingeriebene Schale zweier Limonen besser. In Thailand verwendet man den Koriander auch mit Wurzeln und Stiel, versuchen Sie, die ganze Pflanze zu bekommen. Galangal ist eine dem Ingwer verwandte Wurzel, nur schärfer im Geschmack.

Den Fisch mit Schalotten, Ingwer oder Galangal, Zitronengras, Koriander, Knoblauch, Limonenblätter, Zucker und Fisch- oder Sojasauce in einer nicht metallenen Schüssel ½ Stunde marinieren lassen.

Im Elektromixer oder Fleischwolf zu grobem Brei verarbeiten, nicht pürieren. Spargel, Salz und Pfeffer unterrühren.

42 häppchengroße Bällchen formen, etwas flach drücken und in einer gefetteten Pfanne 1–1½ Minuten von jeder Seite braten, bis die Klöpschen goldbraun und durchgebraten sind.

Mit Zitronenspalten oder Chilisauce servieren.

1 kg Fisch (Lachs oder Forelle) entgrätet, gehäutet, in Würfel geschnitten

8 Schalotten oder kleine rote Zwiebeln

5 cm Galangal oder Ingwerwurzel, fein gehackt

1 Stengel Zitronengras, fein geschnitten

4 Korianderwurzeln mit Stielen und Blättern, gehackt oder ein großes Bund Blätter, gehackt

4 Knoblauchzehen, gehackt

4 Kaffir Limonenblätter, hauchdünn geschnitten

1 EL Puderzucker

1 EL Fischsauce oder Sojasauce

250 g dünner Spargel, in dünnen Scheiben

Salz und frisch gemahlener schwarzer Pfeffer

Erdnußöl

Chilisauce oder Zitronenspalten

Ergibt 42 Stück bzw. 6 Portionen

500 ml Milch

250 g Puderzucker

500 ml ungesüßte Kokosnußmilch aus der Dose

1 EL brauner Rum oder frischer Limonensaft

Limonenschalen, dünn geschält

Ergibt 8 Portionen

Eine Freundin von mir verbrachte einen Teil ihrer Kindheit in Burma und erinnert sich, neben Mangos und klebrigem Reis, besonders an das Kokosnußeis als eine der köstlichsten Leckereien von damals. Ich habe versucht, diese Erinnerung mit einem nicht allzu schwierigen Rezept für sie einzufangen, das auf einem Rezept von Maître Douglas Rodriquez basiert, dessen Restaurant Patria in New York berühmt ist. Auch wenn der Rum ganz sicher nicht aus Burma stammt, schmeckt das Eis wunderbar.

kokosnuß-eiscreme

Kokosnußeis aus Burma

Die Hälfte der Milch und den Zucker in einem schweren Topf unter ständigem Umrühren zum Kochen bringen. Vom Herd nehmen, restliche Milch und Kokosmilch hinzufügen und den Topf in Eiswasser abkühlen lassen. Rum einrühren.

In einer Eiscrememaschine 20 Minuten bzw. so lange schleudern, wie es die Gebrauchsanweisung des Herstellers empfiehlt und bis die Eiscreme fest, aber noch „seidig" ist.

Oder die Creme in flachen Behältern einfrieren. Wenn die Ränder hart werden, die Creme gründlich umrühren und wieder einfrieren, dann noch einmal umrühren und wiederum gefrieren lassen.

In Schalen oder Waffeln servieren mit feinen Streifchen von ganz dünn geschnittener Limonenschale.

Uralte Traditionen sind die Grundlage für eine lebendige und wohlschmeckende Straßenküche in China, Japan und Korea. Auf den geschäftigen Märkten dieser Länder zu essen kann sehr lehrreich sein: Die ausgesuchte Auswahl an perfekt abgestimmten Zutaten, ihre Zubereitung und das Brutzeln des Gerichts über heftigem Feuer hat sich zu einer hohen Kunst entwickelt.

china

japan und korea

Wenn einem in China, Japan oder Korea in Restaurants oder in privatem Kreis ein Essen vorgesetzt wird, ist das eine Offenbarung. Aber gut zubereitetes Essen auf der Straße oder dem Markt inmitten von Händlergeschrei, klappernden Woks und zischenden Flammen ist immer wieder ein Wunder. Frischer als frisch ist die Devise: Vor unseren Augen wird der Fisch zerteilt, der Rettich gerieben und der Teig angerührt. Das Zuschauen scheint der Beginn jeden Genusses zu sein. Im Grunde ist die chinesische Küche eine sehr einfache – und natürliche. Man meint, in der chinesischen Küche würde alles nur kurz gebraten, aber kroß fritierte Köstlichkeiten, gedämpfte Dim Sum und Klöße sind viel wichtiger. Diese Gerichte lassen sich sehr gut mit den Fingern essen und werden auf den Straßen in Papier oder Plastik, auf Blättern oder in Pappkartons verkauft. Die Chinesen waren schon immer sehr beweglich und sind in fast alle Länder der Erde gezogen. Städte von London bis San Franzisko, von Sydney bis Delhi haben ihre Chinesenviertel mit Restaurants und Märkten. Chinesische Köche findet man überall auf dem indischen Subkontinent, in Südostasien, auf dem Land in Australien und Neuseeland, überall in den Vereinigten Staaten und in fast jedem Land Europas. Von allen internationalen Küchen ist die chinesische vielleicht die bekannteste. Ich hoffe, mein Buch wird Hobbyköche ermutigen, mehr als nur ein schnelles Pfannengericht zu probieren.

Alle Koreaner ehren den Wohlstand und arbeiten hart, um ihn zu erringen. Einfallsreichtum ist eine Lebensart, und sie findet sich wieder in den knoblauchgewürzten, sesamduftenden, sojareichen Saucen der Speisen, die man auf der Straße kauft und deren Genuß durch einen hektischen Arbeitstag hilft. Bulgogi (gegrilltes Rindfleisch), Kimchee (eingelegter Kohl) und Reis mit Kalbi Chim (mit Kastanien oder Rettich gedünstetes Rindfleisch) sind beliebte Beispiele.

„Kleines scheint groß, so lange es frisch, natürlich und schön ist", sagt man in Japan. Schönheit, Harmonie, Ausgewogenheit und Abwechslung machen die japanische Küche so einzigartig. Da hinein mischen sich regionale und religiöse Einflüsse, Raffinesse und – nicht zu vergessen – Erfahrungen aus der Medizin. Selbst die Straßenküche bietet wahre Kochkunst. Hier sind Nudeln und Reis die Eckpfeiler der Küche, aber natürlich gibt es auch Rind, Schwein, Hühnchen und Meeresfrüchte. Heutzutage werden auch amerikanische Doughnuts und heiße Bockwürstchen begeistert verzehrt, während gleichzeitig Fisch in tausenderlei Varianten genossen wird.

Tradition und Moderne mischen sich auf erstaunliche Weise. Wie überall sind Cola und Hamburger auch hier auf dem Vormarsch, trotzdem halten die Japaner an den alten Riten fest, beten in den Tempeln und ehren ihre toten Ahnen. Aber sie freuen sich auch jedes Jahr auf die Schiffsladung mit Beaujolais Nouveau! Diese Dualität macht ihnen offensichtlich Vergnügen. Und wir in Europa, aber auch die Leute in Amerika, Australien und Neuseeland sind verrückt nach Sushi.

Von einigen der köstlichsten Straßengerichte des Landes habe ich leicht machbare Versionen entwickelt.

Die alten Traditionen, die Streetfood in China, Japan und Korea zugrunde liegen, bedingen Frische, Schönheit und Geschmack. In den geschäftigen Märkten dieser Länder zu essen kann kulinarisch sehr lehrreich sein. Die ausgesuchte Wahl von perfekten, frischen Zutaten, ihre Vorbereitung, Kombination und rasche Zubereitung über heftigem Feuer ist die altehrwürdige Weise, auf der die Speisen bekömmlich und gesund entstehen. Duftende Aromastoffe, süß-sauer-pikante Saucen und natürlich immer auch Reis oder Nudeln sorgen zusammen für eine großartige, ausgewogene Nahrung.

Zögern Sie nicht, zu kombinieren und zu mischen. Chinesische Wontons passen sehr gut vor japanische Sushi oder Koreanische Bulgogi mit Kimchee. Haben Sie Mut – es schmeckt alles fabelhaft, und Ihre Familie und Freunde werden sich von Ihnen verwöhnt fühlen.

Oben von links nach rechts: **Frühstück auf der Straße in Shaoking in China. Nudeln sind in China, Korea, Japan und überall in Südostasien als Streetfood überaus beliebt**
Unten von links nach rechts: **Nudelschalen stehen bereit, gefüllt zu werden. Selbstverständlich handhabt dieses Kind aus der Provinz Yunnan seine Stäbchen, um Nudeln zu essen, ein Symbol für Dauer und Langlebigkeit. Schweinerippchen – Schwein und Huhn sind die beliebtesten Fleischsorten in Ost- und Südostasien**
Rechts: **Tee, hier japanischer, stammt aus China, und wird heute in ganz Asien getrunken**

125 g Schweinebauch, gehackt
125 g geschälte, geputzte rohe Krabben, gehackt
2,5 cm Ingwerwurzel, gerieben
10 cm weißer Rettich
2 EL helle Sojasauce
2 EL Hühnerbrühe
1 EL Pilzsoja
1 Handvoll Korianderblätter, gehackt
4 Frühlingszwiebeln, dünn geschnitten
32 Wonton-Blätter
1 Eiweiß, geschlagen
Erdnußöl zum Braten

Süße Chilisauce
Sojasauce

Ergibt 32 Stück bzw. 4 Portionen

Fleisch, Krabben, Ingwer, Rettich, Sojasauce, Hühnerbrühe, Pilzsoja, Koriander und Frühlingszwiebeln im Elektromixer mit kurzen Stößen zu einer bunten Paste verarbeiten.

1 kleinen TL voll Paste in die Mitte eines Teigblatts häufen. Etwas verschlagenes Eiweiß kreisförmig um die Füllung pinseln, dann den Teig hochschlagen und zu einem kleinen Beutel drehen und fest zusammenkneifen. Die 4 Ecken ein wenig nach außen ziehen.

Da die Wontons leicht kleben, auf einem trockenen, leicht bemehlten Brett mit genügend Abstand voneinander aufbewahren, bis alle 32 fertig sind.

Öl in einem Wok oder einer Friteuse erhitzen und in Portionen von 6–8 Stück etwa 2–3 Minuten ausbacken. Warm stellen, bis alle Wontons fertig sind. Heiß servieren. Die beiden Saucen getrennt dazu reichen.

wontons

Kleine gefüllte japanische Teigtaschen

Hongkong hat die 100 Quadratkilometer seiner Insel mit einer erstaunlichen Dichte und Fülle versehen und ist ein dynamischer, lebendiger, aufregender schöner Ort: ein Mekka zum Einkaufen und Essen. Ich liebe es, durch die engen Gassen zu schlendern, über die Temple Street und die Ice House Street, zur Causeway Bay oder dem Stanlay Market und Western Market zu bummeln, noch spät in der Nacht die Fähre hinüber nach Kowloon zu nehmen und in einem riesigen, neonbeleuchteten Laden zu essen. Einmal kostete ich mittags auf dem Luen Wo Market ganz besonders gute, krosse Wontons – und dies ist meine Version:

250 g getrocknete Soba-Nudeln

Dashi-Sauce

350 ml scharfe Dashi-Brühe*

4 EL Sojasauce

2 EL Mirin (süßer Reiswein)

2 EL Puderzucker

Zum Anrichten

8 Frühlingszwiebeln, feingeschnitten, zur Dekoration vielleicht auch die grünen Spitzen

2 TL Wasabi-Paste*

2 Blätter getrocknetes Nori (Seegras)

1 TL schwarze Sesamkörner

Ergibt 4 Portionen

In einem großen Topf reichlich Wasser zum Kochen bringen. Die Nudeln hineingeben und, wenn sie kochen, 1 Tasse kaltes Wasser zugeben. Wieder zum Kochen bringen und wieder 1 Tasse kaltes Wasser hinzufügen. Das ganze noch ein drittes Mal wiederholen, dann abgießen, abschrecken und kühl stellen.

Die Dashi-Sauce aus den angegebenen Zutaten bereiten und auf 4 Schüsselchen verteilen. Zwiebeln und je ½ TL Wasabi-Paste in 4 kleine Schälchen geben.

Die Nori-Blätter einzeln mit einer Küchenzange über der Gasflamme oder der heißen Herdplatte schwenken, bis sie sich kroß anfühlen. In Streifen schneiden. Die Nudeln auf die 4 Schüsselchen verteilen, mit Sesamkörnern und den grünen Zwiebelspitzen bestreuen und mit den Nori-Streifen servieren.

soba-nudeln

Gekühlte japanische Buchweizennudeln

Wo auch immer man sich in Japan aufhält, kann man Japaner beobachten, die sich hingebungsvoll über Schüsselchen mit diesen kalten Buchweizennudeln beugen – in Nudelläden, in Bars und Eckcafés, in jedem Städtchen, jeder größeren Stadt, überall im Land, doch ganz besonders im Norden, wo sie ihren Ursprung haben. Nudelbars lassen sich oft in der Nähe von Bahnhöfen und Busstationen nieder und sind eines von Japans Geschenken an die übrige, interessierte Welt, die solche Genüsse zu schätzen weiß. Soba-Nudel-Bars haben sich in jüngster Zeit stark verbreitet, und man findet sie von Sydney bis Seattle, von Salzburg bis Singapore.

Wegen der richtigen Zutaten gehen Sie am besten in einen Asienladen: Dashi-Brühe gibt es in unterschiedlichen Varianten.

* Dashi-Brühe gibt es in Asienmärkten oder großen Supermärkten. Wenn es nicht zu bekommen ist, kann man auch Hühnerbrühe nehmen. Wasabi ist ein scharfer japanischer Meerrettich, den man wie das getrocknete Seegras in Asienläden kaufen kann.

250 g rohe Riesengarnelen, geschält und gesäubert

250 g Tintenfisch

8 frische Shiitake- oder 100 g Enokitake-Pilze

8 Petersilienzweige

8 Perilla-, Spinat-, Mangold- oder Rauke-Blätter

Mehl zum Bestäuben

Erdnußöl zum Braten

Sauce

250 ml Dashi (s. Seite 116) oder Hühnerbrühe

60 ml helle Sojasauce

2 EL Mirin (süßer Reiswein) oder trockener Sherry

1 EL Puderzucker

2 EL geriebener oder gehackter frischer Ingwer

Zum Anrichten

10 cm weißer Rettich (Mooli), gerieben

1 frische rote Paprikaschote, feingehackt

Tempura-Teig

1 Eigelb

125 ml eiskaltes Wasser

100 g Weizenmehl, gesiebt

Ergibt 4 Portionen

Tempura ist wahrscheinlich zwischen 1550 und 1650 in Nagasaki erfunden worden, und zwar nicht von Japanern, sondern von heimwehkranken Portugiesen. Es ist eine köstliche Komposition verschiedener Speisen, die in einen hauchdünnen Teig getaucht und dann ganz kurz ausgebacken werden. Der Teig sollte nur leicht gerührt werden und immer frisch sein. Deshalb empfiehlt es sich, ihn in kleineren Portionen und immer wieder neu zu machen, in jedem Fall erst, wenn sämtliche anderen Vorbereitungen erledigt sind. Garnelen und Tintenfisch sehen dekorativ aus und schmecken gut. Grünes Gemüse eignet sich gut zur farblichen wie geschmacklichen Ergänzung. Wenn Sie Perilla-Blätter (Shiso) nicht bekommen, können Sie statt dessen Spinat, Mangold oder Rauke nehmen. Tempura mit Eigelb wird in Osaka bevorzugt, es ist hellgelb. In Tokio nimmt man oft das ganze Ei, dann ist der Teig viel blasser.

Die Garnelen mehrmals an der Unterseite einschlitzen, damit sie sich nicht aufrollen.
Den Tintenfisch in gleichmäßige Quadrate von 5 cm schneiden und an beiden Seiten über Kreuz einschneiden. Die Pilze halbieren. Alle Zutaten, die gebacken werden sollen, mit Mehl bestäuben.
Für die Sauce werden Dashi bzw. Brühe, Soja, Reiswein, Zucker und Ingwer verrührt.
Rettich und Paprika in einem Schüsselchen mischen.
Öl im Wok oder einer tiefen Pfanne erhitzen. Den Teig ganz schnell zubereiten, indem man 1 Eigelb mit dem Wasser kurz verschlägt und dann das Mehl nur leicht untermischt. Es kann noch klumpig sein. Mit Hilfe von Eßstäbchen Stück für Stück in den Teig tauchen und dann in das heiße Öl gleiten lassen. Nicht mehr als 5 Teile gleichzeitig backen, weil sonst das Öl nicht heiß genug bleibt. Die fertigen Tempura warm stellen, während die restlichen gebacken werden.
Zusammen mit der Rettich-Paprika-Mischung und der Sauce servieren.

tempura

Gebackener japanischer Fisch und Gemüse

In Korea grillt man sehr gern. Sonntags sieht man überall in Seoul, ja eigentlich überall in Korea, Familien an Grillplätzen Bulgogi und Kalbi Chim (glasierte Schweinerippchen) grillen, zwei überaus beliebte Gerichte, die es auch überall auf der Straße zu kaufen gibt.

Bulgogi ist dünn geschnittenes, mariniertes Rindfleisch, ganz kurz von beiden Seiten gebraten, und wird zusammen mit Früchten und Kimchee in knackige Salatblätter gerollt und gegessen.

bulgogi

Koreanisches Barbecue

1½ kg Rinderfilet, in dünne Streifen geschnitten

Barbecue-Marinade

125 ml dunkle Sojasauce

60 g Puderzucker

3 Knoblauchzehen, feingehackt

4 Frühlingszwiebeln, feingehackt

2,5 cm Ingwerwurzel, gerieben

2 EL Sesamöl

2 EL geröstete Sesamkerne

Beilagen

175 g Kimchee Pickle (Koreakohl)

30 frische, feste Salatblätter (z. B. Eisbergsalat)

2 asiatische Birnen (Nashi), Äpfel oder Nektarinen, in Spalten geschnitten

8 Frühlingszwiebeln, längs aufgeschnitten

2 EL geröstete Sesamkörner

Ergibt 6 Portionen

Alle Zutaten für die Marinade in einer flachen Schüssel verrühren und das Fleisch darin wenden, bis alle Stücke gut mit Marinade bedeckt sind. ½ Stunde kalt stellen.

Die Zutaten für die Beilagen in gesonderten Schalen bereitstellen.

Eine Grill- oder Bratpfanne sehr heiß werden lassen, die Fleischstreifen, einen nach dem anderen auf die Pfanne legen und rasch von beiden Seiten braten.

Jeder nimmt sich nun 1 Salatblatt und füllt es mit Fleisch und den Beilagen nach Wunsch.

1 fette Ente, ausgenommen und gewaschen

1 TL Chinagewürz*

2 TL Salz

2 Eßlöffel chinesische Austernsauce

Erdnußöl zum Fritieren

Glasur

2 TL heller Sirup

2 TL weißer Malzessig

2 TL Sake oder Wodka

125 ml Wasser

Beilagen

1 kg gekochter Reis oder
16 dünne Eierkuchen

20 cm Gurke, in 5 cm Streifen geschnitten

8 Frühlingszwiebeln, dünn längs geschnitten

250 ml Pflaumensauce oder Hoisin-Sauce**

Ergibt 4 Portionen

Die gewaschene Ente gut trockentupfen. Chinagewürz, Salz und Austernsauce mischen und das Innere der Ente damit einreiben.

Den Hals der Ente mitsamt der Haut mit einer Schnur so zusammenbinden, daß man sie aufhängen kann. In einem Durchschlag 5mal mit kochendem Wasser überbrühen, dazwischen immer wieder abtrocknen. Zum Schluß sorgfältig trockentupfen.

Die Zutaten für die Glasur in einem kleinen Topf zum Kochen bringen und etwa 10 Minuten dicklich einkochen lassen. Mit einer Bürste die Glasur über die ganze Ente streichen. Den Vogel an der Schnur an einem heißen, windigen Ort aufhängen oder mit einem Fön oder Ventilator trocknen.

Einen großen Wok oder eine große, tiefe Pfanne zu einem Drittel mit Öl füllen, die Ente hineinlegen. Das Öl erhitzen und die Ente 30 Minuten fritieren, dann umdrehen und weitere 30 Minuten braten. Oder man legt die Ente mit dem Rücken auf ein Bratrost in den auf 190° (Gas Stufe 5) vorgeheizten Backofen und brät sie 45 Minuten. Dann die Ente mit der Brust nach unten drehen und bei 150° (Gas Stufe 2) weitere 30 Minuten braten. Die Ente wieder auf den Rücken drehen und sie in 30 Minuten zu Ende braten.

Die fertige Ente wird mit Haut und Knochen in 1 cm dicke Scheiben geschnitten. Am besten nimmt man dazu ein kleines Hackebeil. Heiß mit Reis oder Pfannkuchen servieren und Gurken, Frühlingszwiebeln und Sauce dazu reichen.

* Chinagewürz ist ein Pulver aus wenigstens fünf verschiedenen Gewürzen: Fenchel, Zimt, Koriander, Nelken und Pfeffer. Gibt es in Asienläden.

** Hoisin-Sauce besteht aus Sojabohnen, Knoblauch und Chili; ebenfalls in Asienläden zu finden.

peking ente

Ein ebenso fürstliches wie berühmtes Gericht. Natürlich bekommt man es überall in jedem China-Restaurant, aber es ist sehr spannend, Peking-Ente selbst zuzubereiten. Ein elektrischer Fön oder Ventilator ist nützlich, wenn man nicht zufällig in einer sehr heißen, trockenen, windigen Gegend lebt, wie wohl die wenigsten von uns. Meist wird die Ente mit kleinen Pfannküchlein serviert, in die man das Fleisch rollt, aber sie schmeckt auch exzellent mit einfachem Reis. Versuchen Sie es einmal, und reichen Sie Gurken, Frühlingszwiebeln und Pflaumensauce dazu. Aus den Knochen läßt sich eine köstliche Suppe kochen.

bento

Japanische Sushi in der Dose

250 g Sushi-Reis (Klebereis)
5 cm getrockneter Konbu (japanischer Seetang)
250 ml kochendes Wasser
3 EL Puderzucker
3 EL Reisessig
5 cm Ingwerwurzel, gerieben, nach Belieben
2 Knoblauchzehen, feingehackt, nach Belieben
1 TL Salz

In Eisenbahnstationen und an Bushaltestellen in ganz Japan gibt es die mit feinen Köstlichkeiten gefüllten hölzernen Dosen (heutzutage hat man natürlich auch lackierte Plastikdosen oder kleine Pappkartons). Man hat die Wahl zwischen allerlei Reishäppchen und Klöpschen, Muscheln, Lachs, Aal, Frühlingszwiebeln und Sushi – in jeder Gegend ist das Angebot etwas anders.

½ Rettich (mooli), dünn geschnitten
1 Mohrrübe, sehr dünn in Stifte oder Scheiben geschnitten
4 Blätter Nori-Seegras, Streifen von 2 ½ cm oder Quadrate von 5 cm
125 g Lachs, Thunfisch oder Makrele, in 16 dünne Scheiben geschnitten, oder Räucherlachs
2 EL Teriyaki-Glasur, wenn gewünscht

Nach Belieben

Schnittlauch, schwarze Sesamkörner, Frühlingszwiebeln in feinen Streifen, Räucherlachs, Garnelen, Räucheraal, Obst, z. B. Kirschen oder Birnenscheiben

Zum Anrichten

Grüne Wasabi-Paste, Japanische Sojasauce, japanischer eingelegter Ingwer, Ingwerpaste

Ergibt 4 Portionen

Den Reis in einem Sieb einige Minuten unter fließendem Wasser abspülen, abtropfen lassen.

Reis und Seetang in einem Topf mit dem kochenden Wasser übergießen und zugedeckt bei ganz milder Hitze 8 Minuten simmern lassen. Die Kochplatte ausschalten und weitere 8 Minuten ausquellen lassen. In eine flache Schüssel füllen.

Zucker im Essig auflösen und über den Reis tröpfeln. Umrühren und Ingwer, Knoblauch (falls gewünscht – es ist unorthodox, aber köstlich) und Salz hinzufügen. Zudecken und kühl stellen.

Den Reis in 4 Portionen teilen und die wiederum in jeweils 8, so daß man insgesamt 32 erhält. Kugeln, Würfel und Quader formen.

Reis in dünne Rettichscheiben wickeln, mit feinen Möhrenstiften garnieren, mit rohem oder geräuchertem Fisch belegen, in Nori-Streifen wickeln oder mit Teriyaki glasieren. Der Phantasie sind keine Grenzen gesetzt.

Die Sushi werden auf kleinen weißen Tellern angerichtet. Für eine Party kann man auch Bento-Dosen aus einem speziellen Japan-Laden oder einem Asienmarkt besorgen, die man dann hübsch füllt. Dazu reicht man kleine Schälchen mit Wasabi-Paste, Sojasauce, eingelegtem Ingwer und Ingwerpaste.

Top
Cafe
DAIRY·BISTRO

In der südlichen Hemisphäre tummelt sich ein buntes Vielvölkergemisch aus allen Teilen der Erde, und entsprechend abwechslungsreich kann man hier auf der Straße essen. Die Einflüsse der englischen Kolonialherren wurden überlagert von denen, die sich mit den Immigrationsschüben aus Zentraleuropa und den Mittelmeerländern ausbreiteten. Aber auch aus Südamerika sowie China und Südostasien kamen die Einwanderer und brachten ihre Speisen mit, und das führte zu einer überaus spannenden Eßkultur – von einer Bevölkerung gepflegt, die allem Neuen offen gegenübersteht.

australien

und neuseeland

Australien und Neuseeland sind spannend, was die Gastronomie im allgemeinen und die Straßenküche im besonderen betrifft. Die ersten Europäer, die in beiden Ländern siedelten, waren Briten, aber nach dem Zweiten Weltkrieg ließen sich Menschen aus ganz Europa dort nieder. Seit den 1970er Jahren kamen weitere Aussiedler von Südostasien, Südamerika und dem Nahen Osten nach Australien, und alle trugen dazu bei, die Küche Australiens zu bereichern. Australiens Küche ist im Vergleich zu Neuseeland internationaler, südländischer und asiatischer, aber beide Länder spiegeln die unterschiedlichen Heimatländer ihrer Immigranten wider. Der Austausch zwischen den beiden Ländern ist wichtig, obwohl auch immer eine gewisse Rivalität bestanden hat, so wie zwischen Geschwistern oder Vettern und Cousinen. Junge Australier und Neuseeländer lassen sich den Wind um die Nase wehen und ziehen als Rucksacktouristen um die Welt. Von den Cafés und schönen Hafenrestaurants in Sydney oder Auckland aus machen sie sich auf nach Kalifornien, erforschen die Ostküste der Vereinigten Staaten von Amerika und reisen dann weiter nach Europa. Häufig arbeiten sie unterwegs – oft in Restaurants oder Imbißbuden –, bevor sie manchmal erst nach mehreren Jahren heimwärts ziehen. Und dann bringen sie asiatische Zutaten, europäische Kochideen, südländischen Schwung und amerikanische Begeisterung mit.

„Neu-Australier" italienischen, griechischen, libanesischen, chinesischen und südostasiatischen Ursprungs haben Wunder vollbracht in Restaurants, ländlichen Gaststätten und Imbißbuden.

Spezialisierte Händler importieren und exportieren Lebensmittel in und aus aller Herren Länder. Die Produkte – Fisch, Früchte, Nüsse, Kräuter, Gewürze und Gemüse – bieten eine überreiche Auswahl für den Hobbykoch, Restaurantbesucher oder Liebhaber von Streetfood.

Die großen Städte beider Länder sind heute durch und durch kosmopolitisch. Früher rangierte das übliche Angebot auf der Straße – von Hamburgern bis Chow Mein, von Fish and Chips zu chinesischen Frühlingsrollen. Heutzutage werden auf den lebhaften Märkten Gerichte aus aller Welt angeboten. Man kann über indonesisches Nasi Goreng, malaiische Laksa, koreanische Bulgogi, chinesische Dim Sum oder Nudeln, vietnamesische Pho Bo bis zu Loempia aus den Philippinen und Samosas oder Tandoori aus Indien alles bekommen, nicht zu vergessen die Schokoladentorten aus Wien, den Kaffee aus Griechenland und Eis aus Italien. In Neuseeland sind auch die Einflüsse der Pazifikinseln spürbar, und man findet rohen Fisch in Kokosmilch, Bananenpuddings von den Cook Inseln oder Rewena-Brot, ein Kartoffelgericht, das von den Maori stammt.

Fisch und Meeresfrüchte rangieren ganz oben in der heimischen Küche, im Restaurantangebot und auf der Straße. Krebse werden frisch oder abgekocht in den Straßen Neuseelands verkauft. Heimische Schalentiere wie Paua (Abalone), Pipis und Tuatuas werden in Teig ausgebacken, zu Kuchen verarbeitet oder für Suppen verwandt. Austern sind heiß begehrt, besonders die kräftigen Bluff-Austern aus Neuseeland, die kleinen Austern aus Sydney und die größeren von der Ostküste.

Frisch abgekochte Garnelen sind ein beliebtes Fertiggericht. Einfach mit Salz und Zitrone gewürzt und in Papier gewickelt, werden sie unterwegs oder am Strand gegessen oder nach Hause mitgenommen. Und was trinkt man dazu? Früher war das Getränk der Wahl in Australien und Neuseeland Bier (und ist es häufig immer noch). Inzwischen erregt der Weinbau den Neid der übrigen Welt, und die vielen leichten Weine passen perfekt zum Leben im Freien, das in beiden Ländern üblich ist.

Oben rechts: Fish and Chips – ein würziger Kulturmix à la Thailand
Unten im Uhrzeigersinn: In Australien und Neuseeland werden Früchte und Gemüse aus der ganzen Welt angebaut, z. B. Kochbananen. Die Kaffeestuben in Melbourne sind berühmt wegen der köstlichen Torten, die Immigranten aus Europa mitbrachten. Meeresfrüchte, besonders Garnelen, gibt es reichlich und preiswert überall in Restaurants und auf der Straße. Steinlager ist eine der vielen Biersorten Neuseelands, die inzwischen in die ganze Welt exportiert werden. Frische Fruchtsäfte werden überall auf Märkten und an Stränden verkauft, hier ein Drink mit Pfirsichen und Himbeeren, benannt nach der köstlichen Nachspeise Pêche Melba, den Escoffier für die berühmte australische Opernsängerin Nellie Melba schuf

pork dim sum

Gedämpfte Klößchen mit süßer Sojasauce

60–75 Wonton-Blätter

Schweinefleischfüllung

500 g Schweinegehacktes, Bauch oder Schulter

8 gehackte Frühlingszwiebeln

6 EL Sojasauce

3 EL Sesamöl

2 EL geriebene Ingwerwurzel

125 g Bok Choy*

Süße Sojasauce

1 EL Sojasauce

2 EL Balsamessig

2 EL klarer Honig oder Zucker

2 Frühlingszwiebeln, feingeschnitten

1 TL roter Chili, feingeschnitten

60 ml kochendes Wasser oder Brühe

Ergibt 60–75 bzw. 12 Portionen

Die Chinesen waren unter den ersten Einwanderern in Australien und kamen zuerst während der Zeit des Goldrauschs in der Mitte des vorigen Jahrhunderts. Alle Hauptstädte der Bundesländer haben ein eigenes Chinesenviertel, und in Sydney ist es der Haymarket: Straße neben Straße mit wunderbaren Läden und Restaurants, ein emsiges Treiben unter freiem Himmel. Und unterirdisch geht es noch weiter mit einem riesigen Areal, auf dem sich kleine Imbißstände und Cafés drängen Hier findet man auch Pork Dim Sum, eine besonders delikate Version der klassischen Wasserklöße, die es zum chinesischen Neujahrsfest gibt. Benutzen Sie Wonton-Blätter (aus Asiengeschäften), und formen Sie die Klößchen entweder als Halbmonde oder als eine Art Dreispitz.

Alle Zutaten für die Füllung werden im Mixer oder mit der Hand vermischt.

Für Halbmondklöße schneidet man die Wontons kreisrund aus und setzt 1 TL der Füllung in die Mitte. Die Ränder anfeuchten und den Teig zur Hälfte umschlagen, die Ränder fest zusammenpressen und die Ecken umbiegen. Vorsichtig die Füllung nach unten streichen, so daß die gebogene Naht nach oben zeigt. Auf ein trockenes, bemehltes Brett setzen.

Um hutförmige Klöße zu machen, setzt man 1 TL der Füllung in die Mitte des Teigblatts. Die Ränder anfeuchten, zwei gegenüberliegende Ecken diagonal zu einem festen Zipfel zusammendrücken und die beiden Kanten fest verschließen. Die unteren Ecken anfeuchten und nach vorne umschlagen und andrücken.

In Wasserdampf etwa 6 Minuten garen, bis der Teig etwas durchsichtig aussieht.

Die Zutaten für die süße Sojasauce verrühren und getrennt zu den Klößchen reichen.

* Bok Choy findet man in Chinaläden. Ersatzweise kann man auch Chinakohl, Mangold oder Spinat nehmen.

white

bait und kumara

Neuseeländer Breitling und Kumara-Chips

6 EL Mehl oder frische Brotkrümel
3 Eier
4 Zweige Petersilie, gehackt
375 g Neuseeland-Breitling oder ein anderer sehr kleiner Fisch, wie z. B. junger Aal
Meersalz und frisch gemahlener schwarzer Pfeffer
Öl zum Braten
Zitronenspalten zum Garnieren

Kumara-Chips

1 kg Kumara oder andere Süßkartoffeln, spiralförmig in dünne Streifen geschnitten
Cayennepfeffer
grobes Meersalz
Öl zum Fritieren

Ergibt 6 Portionen

Der neuseeländische Breitling ist ein kleiner, delikater, süß-salziger Fisch, der gekocht aussieht wie silbergetupfte weiße Nudeln. Früher war er weit verbreitet, ist heute aber, wie soviel Gutes, nur noch zu bestimmten Fangzeiten und in kleinen Mengen erhältlich und darum ebenso teuer wie begehrt. So wäre als passendes Getränk ein wertvoller Wein, wie z. B. ein weißer Cloudy Bay Sauvignon durchaus angemessen. Der europäische Breitling ist dagegen ein kleiner silbriger Heringsfisch, ähnlich der Sardine, und die amerikanische Art ist ein Stint, der etwa 20 cm lang wird. Für dieses Rezept kann man jeden kleinen Fisch nehmen, z. B. auch jungen Aal. Aus Kumara kann man ganz normale Kartoffelchips machen, aber ich habe sie mit dem Kartoffelschäler spiralförmig in hauchdünne Streifen geschnitten und sie knusprig fritiert. Anstelle der neuseeländischen Kumara kann man auch eine normale Süßkartoffel nehmen oder eine andere mehlig kochende Kartoffel.

Die vorbereiteten, abgetrockneten Kartoffeln portionsweise in reichlich heißem Öl in 6–8 Minuten fritieren. Dabei den Fritierkorb gelegentlich schütteln bzw. die Kartoffeln umrühren. Warm stellen, bis alle Chips fertig sind und mit Cayennepfeffer und Meersalz würzen.
Währenddessen Mehl oder Brotkrümel, Eier, Salz und Pfeffer gründlich verschlagen. Petersilie zugeben. Die Fische hineinlegen und vorsichtig unterheben. Es sollte nur gerade so viel Teig da sein, um die kleinen Fische zusammenzuhalten.
Eine tiefe Pfanne 1 cm mit Öl füllen und erhitzen. 1 gehäuften EL der Fisch-Teig-Mischung in die Pfanne geben und flach drücken. 1–2 Minuten von jeder Seite braten. Warm stellen und die anderen Fischküchlein backen. Mit den Zitronenspalten anrichten und zusammen mit den Kumara-Chips servieren.

* Kumara-Chips sind ein so köstlicher Snack, daß man sie auch ohne wertvollen Fisch essen kann, z. B. in großen Mengen auf einer Party.

vietnamese

Vietnamesische Schweinsspießchen

4 Knoblauchzehen, gehackt
2 EL Fischsauce (Nuóc Mam)
1 EL frisch gepreßter Zitronensaft
2 EL Zucker
6 Kaffir-Limonenblätter, hauchdünn geschnitten
20 cm frisches Zitronengras, feingeschnitten
5 cm Ingwerwurzel, feingeschnitten
1 kleine scharfe Chilischote, geschnitten
500 g Schweinefilet oder -medaillons, in 1 cm Würfel geschnitten.

Nuóc Cham

1 TL Zucker
1 EL frisch gepreßter Limonensaft
3 EL Fischsauce
1 Chilischote, rot oder grün, geschnitten
5 cm Grün von Frühlingszwiebeln, feingeschnitten

Salat

16 Salatblätter
250 g gekochte Reisnudeln oder Fadennudeln
1 Mohrrübe, feingeschnitten
Dazu nach Belieben: Minze oder Basilikum, Koriander, glatte Petersilie, Schnittlauch, Sojabohnensprossen oder Gurken

Ergibt 4 Portionen

Dieses vietnamesische Rezept gehört zu den vielen, die von den Einwanderern aus Vietnam mitgebracht und sehr schnell in der neuen Heimat angenommen wurden. Es ist aufregend scharf, besonders gut zu Nudeln und Salat mit zarten Kräutern. In Vietnam wie auch in Australien ist die Auswahl an Zutaten für einen frischen Salat unbegrenzt. Nehmen Sie, was immer Sie an asiatisch anmutenden Kräutern und Zutaten finden, wie z. B. Sojabohnensprossen und Reisnudeln. Nuóc Cham ist eine frisch schmeckende Sauce, die typisch ist für viele vietnamesische Gerichte.

12 hölzerne Satéspießchen 30 Minuten in Wasser einweichen lassen.

Knoblauch, Fischsauce, Limonensaft und Zucker in einer nichtmetallenen Schüssel mischen. Limonenblätter, Zitronengras, Ingwer und Chili einrühren. Das Fleisch so in die Marinade legen, daß es rundum bedeckt ist, und 20 Minuten ziehen lassen.

Je 6–7 Fleischstücke auf die Spieße schieben und in einer heißen Pfanne oder auf dem Grill etwa 4 Minuten von allen Seiten braun braten. Fleisch warm stellen. Mit der restlichen Marinade den Bratensatz löschen und so einkochen, daß eine Art Glasur übrigbleibt, die auf das Fleisch gestrichen wird.

Alle Zutaten für Nuóc Cham gut miteinander mischen und getrennt zum Fleisch reichen.

Die Salatblätter, Nudeln und Zutaten auf einer Schale anrichten, das Fleisch von den Spießchen abstreifen und auf vier Teller verteilen.

Man nimmt zum Essen ein Salatblatt, gibt ein paar Nudeln und Möhrenscheiben dazu, dann ein Stückchen Fleisch und, nach Belieben, Kräuter oder Gurken. Man wickelt das Salatblatt zu einem Päckchen, stippt es in das Nuóc Cham und ißt es mit den Fingern.

Tip: Benutzen Sie eine Schere, Rasierklinge oder ein ganz scharfes Messer, um die Limonenblätter in haarfeine Streifen zu schneiden: Wenn sie dicker sind, bleiben sie unverdaulich und sind sehr schwer zu essen.

Die *Neu-Australier*, wie die Immigranten in Australien genannt werden, haben viel beigetragen zur lebendigen Vielfalt des Alltags, des kulturellen Lebens und nicht zuletzt der Küche des Landes.
Dieses australisch-libanesische Rezept ist ähnlich den griechischen Souvlaki, nur nimmt man Lamm, und zwar geschnitten von einem zarten, als Ganzes gegrillten Lendenstück. Es ist ebenso leicht zu machen wie köstlich im Geschmack. In einem Land, wo Millionen Schafe leben, ist Lamm gleichermaßen praktisch wie preiswert, man kann aber durchaus auch Hühnerfleisch verwenden.
Hommus (Kichererbsenpüree) kann man fertig kaufen. In Fladenbrote wie Lavash oder in große, weiche Pitabrote läßt sich die Füllung gut einwickeln und ist ein köstliches schnelles Mittagessen. Ideal dazu schmeckt ein tropischer Fruchtsaft. Wenn man dagegen spätabends noch Lust auf Souvlaki hat, dann paßt als Getränk am besten ein sehr kaltes australisches Bier oder ein fruchtiger Shiraz.

souvlaki

Libanesische Fladenbrote mit Lammfüllung

4 zerdrückte Knoblauchzehen
Saft von ½ Zitrone
1 TL Kreuzkümmelsamen, in der Pfanne geröstet, dann gemahlen
1 TL frisch gemahlener schwarzer Pfeffer
2 EL natives Olivenöl
Lendenstück vom Lamm, ohne Fett und ohne Knochen
Salz und Pfeffer aus der Mühle

Tabbouleh-Salat

125 g Bulgur (mittelgrob)
2 große Tomaten, gehackt
3 Frühlingszwiebeln, feingehackt
je 1 großes Bund Petersilie und Minze, gehackt
4 EL natives Olivenöl
2 EL Zitronensaft
Pfeffer und Salz

Zum Anrichten

6 weiche Fladenbrote, wie Lavash oder Pita
250 g Hoummus
evtl. Harissa oder eine andere scharfe Chilisauce

Ergibt 6 Portionen

Das Lammfleisch in einer Marinade aus Knoblauch, Zitronensaft, Kümmel, Pfeffer und Öl wenigstens 20 Minuten ziehen lassen. Auf der Grillpfanne oder dem Barbecue das Fleisch 20 Minuten braten, so daß es außen dunkel und kroß ist, innen aber noch rosa.
Zugedeckt an einem warmen Ort nachgaren lassen, dann schräg aufschneiden und salzen.
Die Marinade in der Pfanne aufkochen und anschließend über dem Fleisch verteilen.
Tabbouleh aus dem sehr gut abgetropften Bulgur und den übrigen Zutaten mischen.
Die Brote kurz erwärmen. In die Mitte einen Streifen Hoummus geben, mit einer Schicht Tabbouleh belegen und zum Schluß mit Fleisch. Evtl. ausgetretenen Bratensaft über das Fleisch träufeln und je nach Geschmack mit Harissa oder Chilisauce würzen.
Das Brot aufrollen und in gefettetes oder gewachstes Papier wickeln und das Ende umschlagen, damit keine Flüssigkeit herauslaufen kann.

baklava

Griechischer Honig-Nuß-Kuchen

18 Blätter Filo-Teig (ca. 300 g)
200 g zerlassene Butter
500 g gehackte Makadamianüsse, Walnüsse oder Pistazien
250 g geschälte, gehackte Mandeln
50 g Puderzucker
2 TL gemahlener Zimt
Prise Nelkenpulver

Honigsirup

250 g Zucker
3 EL Honig
2 Zimtstangen, zerstoßen
Saft und Schale einer Zitrone
250 ml kochendes Wasser

Ergibt 30 Stück bzw. 8 Portionen

Boden und Wände einer viereckigen Backform (35 x 20 x 5 cm) buttern. Den Boden mit 9 Filo-Blättern belegen, die Scheiben mit der Hälfte der zerlassenen Butter bestreichen.
Nüsse, Zucker, Zimt und Nelken im Mixer der Küchenmaschine grob zerkleinern. Gleichmäßig über den Teigblättern verteilen. Die restlichen Filo-Scheiben auf die Füllung legen und buttern.
Mit einer sehr scharfen Klinge, wie z. B. einem Rasiermesser, Muster in die oberen Teigblätter schneiden.
Auf die mittlere Schiene eines vorgeheizten Backofens (160°/Gas Stufe 3) schieben und 30 Minuten backen. Dann weitere 30 Minuten auf der obersten Schiene backen. Mit Pergament oder Folie abdecken, falls der Kuchen zu braun wird.
Den Sirup aus den angegebenen Zutaten kochen, dabei die Zitronenschale zerdrücken, damit die Aromastoffe frei werden. 12 Minuten bei mäßiger Hitze rühren. Abkühlen lassen.
Wenn der Kuchen fertig ist, gleichmäßig mit dem Sirup beträufeln und 2 Stunden auskühlen lassen.
Aufschneiden und servieren oder in einem luftdicht schließenden Behälter aufbewahren.
Wenn Sie Glück haben, hält er sich wochenlang!

Tip: Filo-Teig während der Zubereitung unter einem feuchten Geschirrtuch aufbewahren, damit er weich bleibt.

Griechische Australier haben die kulinarische Landschaft Australiens enorm bereichert. Tatsächlich sagt man von Melbourne, der Hauptstadt des Bundesstaates Victoria, sie sei nach Athen die größte griechische Stadt der Welt. Klebrige Kuchen wie dieser sind bei den Griechen sehr beliebt, wie überhaupt in der ganzen Levante und dem Vorderen Orient. Und die Australier teilen die Begeisterung. Selbst Menschen, die Süßes eigentlich nicht so gern mögen, werden schwach, wenn sie Baklava kosten. Am besten genießt man dazu einen Glikha (süßen, starken griechischen Kaffee) und ein Glas Eiswasser. Die Makadamianüsse für unser Rezept stammen aus den Regenwäldern von Queensland in Australien, und der Honig wurde aus den Blüten des Tasmanischen Lederholzbaums gewonnen. Heimische Nüsse und ein kräftiger, aromatischer Honig sind ebenso gut geeignet.

Jeden Sommer, wenn ich, gerade so wie die Schwalben, heimfahre nach Neuseeland, habe ich verschiedene Ankunftsrituale. Eines davon ist, mit einer Waffeltüte voll Hokey Pokey durch die sonnigen Straßen zu schlendern. Die Milchprodukte Neuseelands sind exzellent, und so schmeckt die Eiscreme hier, im Unterschied zum Eis in manch anderem Land, auch wirklich nach Milch und Sahne und ist sauber, klar und unverfälscht. Der Karamel für Hokey Pokey wird hier Honigwabentoffee genannt, anderswo heißt er Krokant. Man muß ihn zuerst zubereiten und kalt stellen, ehe man die Eiscreme macht. Der Karamel ist dann ganz hart und wird zu kleinen Bröckchen geschlagen und ganz zum Schluß zur Eiscreme gegeben.

hokey pokey

Wabenhonig-Karamel-Eiscreme

Eiscreme

6 Eigelb

250 g Puderzucker

575 ml Crème double oder Schlagsahne

575 ml sehr kalte Milch

2 TL Vanille-Essenz

Karamel

60 g Puderzucker

50 g Sirup

1 TL Soda

Butter zum Einfetten

Ergibt 6 Portionen

Eine flache hitzebeständige Form einfetten. Zucker und Sirup unter Rühren zum Kochen bringen und etwa 4½ bis 5 Minuten köcheln lassen. Soda einrühren – der Zuckersirup wird sofort aufschäumen –, kräftig durchschlagen und die Mischung in die vorbereitete Form gießen. Abkühlen lassen.

Den hart gewordenen Karamel in einer Plastiktüte mit Hilfe einer Nudelrolle zu Bröckchen zerkleinern.

Eigelbe und Zucker für die Eiscreme schaumig schlagen. Sahne in einem Topf zum Kochen bringen und unter ständigem Schlagen in die Zucker-Eier-Mischung gießen. In einer Schüssel mit Eiswasser abkühlen lassen, dann Milch und Vanille einrühren.

In einer Eiscrememaschine etwa 20–30 Minuten schleudern bzw. so lange, bis die Creme fest geworden ist. Dann mit dem Karamel mischen und in einer Gefrierdose zugedeckt mindestens 1 Stunde tiefgefrieren.

Oder die Mischung in flachen Behältern einfrieren und mehrfach den Gefrierprozeß unterbrechen und die jeweils bereits gefrorenen Ränder mit der in der Mitte noch weichen Creme vermischen.

pacific poke

Bananen-Kokosnuß-Pudding

250 g Zucker
180 ml kochendes Wasser
7–8 reife Bananen, zerdrückt (etwa 1 kg)
180 ml Milch
60 g Pfeilwurzstärke
375 ml Kokosmilch, und ein wenig mehr zum Anrichten
Puderzucker zum Bestäuben

Poke gewinnt nicht gerade den Schönheitspreis unter den Puddings. Er sieht so seltsam aus, daß ich ihn nur ungern probierte, als ich ihn zum erstenmal sah. Das war im Otara-Markt von Auckland, wo es von Produkten aus dem pazifisch-asiatischen Raum nur so wimmelt. Frauen von Cook Island verkauften fabelhafte Hüte, Kannendeckel aus Perlenschnüren, muschelverzierte Untersetzer und kleine Taufkleidchen, und mitten in dem bunten Durcheinander waren einige Töpfe mit Poke. Sie ließen mich kosten – und ich war überwältigt. Die Banane fast karamelisiert, der Rest ein bißchen wie Gelee, das Ganze eine pazifische Götterspeise!

Den Zucker in einer schweren Bratpfanne mit kochendem Wasser übergießen und bei milder Hitze auflösen. Das Bananenmus einrühren und leise köcheln lassen, bis es anfängt, dunkel und etwas rosa zu werden und am Pfannenboden zu kleben. Etwa alle 8 Minuten die Schicht, die sich am Pfannenboden gebildet hat, ablösen, umrühren und das Mus wieder setzen lassen. So verfahren, bis das Mus eine satte dunkle Farbe angenommen hat und die Menge auf etwa 250 ml reduziert ist. Das dauert etwa 50 Minuten. Etwas abkühlen lassen.

Die Pfeilwurzstärke mit der Milch anrühren und dann mit dem Bananenmus vermischen. Alles in eine leicht geölte, runde, feuerfeste Form (ca. 17 cm Durchmesser und mindestens 2½ cm tief) geben und ohne Deckel im vorgeheizten Ofen bei 180° (Gas Stufe 4) 1 bis 1¼ Stunde backen, bis der Pudding gestockt ist.

Mit einer Gabel oder einem Zahnstocher gleichmäßig einstechen und mit der gut gerührten Kokosnußmilch begießen. Den Pudding noch einmal 20 Minuten in den ausgeschalteten Ofen stellen. 30 Minuten stehen lassen, dann aus dem Ofen nehmen.

Den etwas abgekühlten Pudding in Stücke schneiden und lauwarm oder kalt servieren. Mit Puderzucker bestäuben und mit der restlichen Kokosmilch beträufeln.